사회통합
프로그램
사전평가

실전 모의고사

시대에듀

머리말

낯선 한국 땅에서 사회통합프로그램 사전평가에 응시하는 이민자들이 시험에 대한 정보를 얻거나 제대로 된 학습서를 구하기는 쉽지 않습니다. 이에 사전평가 모의고사 도서를 원하는 이민자의 요구에 맞춰 『사회통합 프로그램 사전평가 실전 모의고사』를 출간하게 되어 무척 기쁩니다.

최근 한국의 위상이 높아지는 만큼 국내 체류 외국인 또한 점차 늘고 있습니다. 이민자들이 한국 사회에 자리를 잡고 정착하기 위해서는 언어적 · 사회적 소통이 중요할 수밖에 없습니다. 따라서 입국 초기부터 한국어와 한국 사회에 대한 체계적인 교육이 필요합니다. 이에 법무부에서는 이민자들의 안정적인 한국 사회 정착을 돕기 위해 사회통합프로그램을 실시하고 있으며, 매년 많은 수의 이민자가 사전평가에 응시하고 있습니다.

사회통합교육연구회는 낯선 한국에서 시험을 준비해야 하는 이민자들이 시험장에서 당황하지 않고 자신의 실력을 발휘할 수 있기를 바라며 『사회통합 프로그램 사전평가 실전 모의고사』를 기획했습니다.

출입국 · 외국인청(사무소)장 주최 및 한국이민재단 주관으로 실시하는 사전평가는 필기시험과 구술시험으로 나뉘며, 필기시험은 한국어와 한국 문화, 한국 사회 이해에 대한 문제로 이루어져 있습니다. 본서는 이민자의 한국어 실력 향상에 도움이 되도록 기출 동형의 실전 모의고사 5회분을 수록했습니다. 또한 OMR 답안지도 함께 제공하여 OMR 답안 작성 연습까지 확실하게 할 수 있습니다.

이 책으로 공부하는 이민자 여러분께 좋은 결과가 있기를, 그리고 여러분 모두가 안정적으로 한국 사회에 정착하기를 기원합니다.

편저자 씀

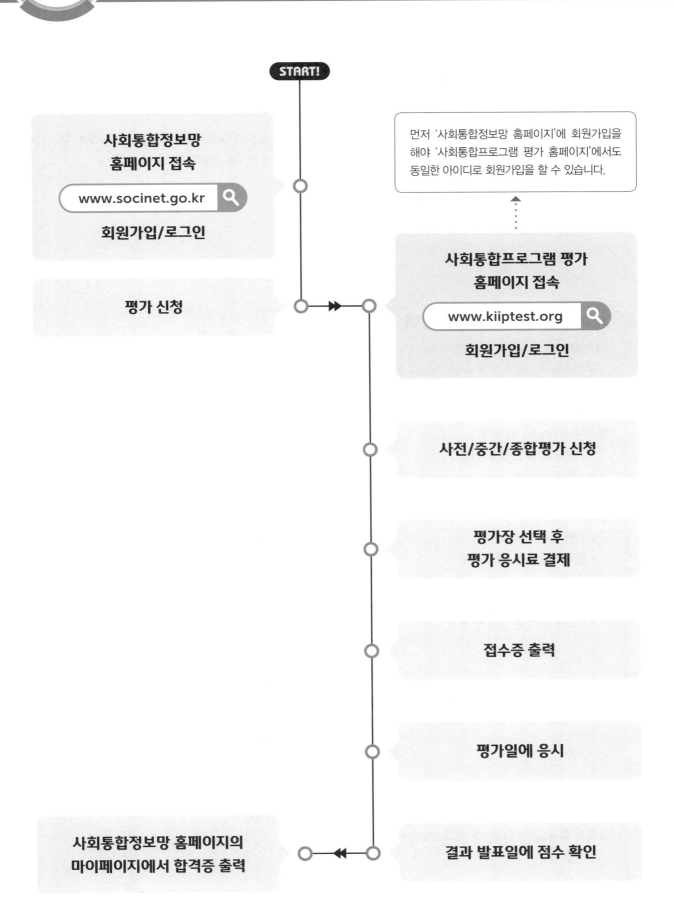

한눈에 보는 사회통합프로그램 평가 신청 방법

2025 사회통합프로그램

HOW TO APPLY

START!

사회통합정보망 홈페이지 접속
www.socinet.go.kr
회원가입/로그인

평가 신청

먼저 '사회통합정보망 홈페이지'에 회원가입을 해야 '사회통합프로그램 평가 홈페이지'에서도 동일한 아이디로 회원가입을 할 수 있습니다.

사회통합프로그램 평가 홈페이지 접속
www.kiiptest.org
회원가입/로그인

사전/중간/종합평가 신청

평가장 선택 후 평가 응시료 결제

접수증 출력

평가일에 응시

결과 발표일에 점수 확인

사회통합정보망 홈페이지의 마이페이지에서 합격증 출력

사회통합프로그램 안내

※ 모든 규정과 세부 내용은 변경될 수 있으니 자세한 사항은 관련 홈페이지를 참고하시기 바랍니다.

✖️ 사회통합프로그램이란?

❶ 대한민국에 체류하는 이민자가 한국 사회의 구성원으로 적응·자립하는 데 필요한 기본 소양을 체계적으로 함양할 수 있도록 마련한 교육임.

❷ 법무부 장관이 지정한 운영기관에서 소정의 교육을 이수한 이민자에게 체류허가와 영주권·국적 부여 등 이민정책과 연계한 혜택을 제공하여 이민자 사회통합 정책의 핵심적인 역할을 수행하도록 함.

✖️ 사회통합프로그램 이수 혜택

❶ 귀화 신청 시 혜택
- 귀화용 종합평가 합격 인정: 귀화용 종합평가 합격자
- 귀화 면접심사 면제: 2018년 3월 1일 이후부터 귀화용 종합평가 합격자만 해당

❷ 영주자격 신청 시 혜택
- 기본 소양 요건 충족 인정
- 실태조사 면제

❸ 그 외 체류자격 신청 시 혜택
- 가점 등 점수 부여
- 한국어 능력 등 입증 면제

❹ 사증(VISA) 신청 시 혜택
- 한국어 능력 등 입증 면제

✖️ 참여 대상

❶ 외국인등록증 또는 거소신고증을 소지한 합법 체류 외국인 또는 귀화자
❷ 국적 취득일로부터 3년이 경과하지 않은 귀화자

사회통합프로그램 교육 과정 및 이수 시간

❶ 한국어와 한국 문화(0~4단계)

- 사전평가 결과에 따라 교육 단계 배정, 한국어능력시험(TOPIK) 등급 소지자는 프로그램에서 동일 수준의 단계를 인정받아 교육 단계 배정
- 0단계(기초), 1단계(초급1), 2단계(초급2), 3단계(중급1), 4단계(중급2)로 구성

❷ 한국 사회 이해(5단계)

- 기본 과정, 심화 과정 2단계로 구성
- 각 과정 이수 후 영주용 종합평가, 귀화용 종합평가 응시

단계	한국어와 한국 문화					한국 사회 이해	
	0단계	1단계	2단계	3단계	4단계	5단계	
과정	기초	초급1	초급2	중급1	중급2	기본	심화
이수 시간	15시간	100시간	100시간	100시간	100시간	70시간	30시간
평가	없음	1단계 평가	2단계 평가	3단계 평가	중간평가	영주용 종합평가	귀화용 종합평가
사전 평가 점수	구술시험 3점 미만 (필기점수 무관)	3~20점	21~40점	41~60점	61~80점	81~100점	–

※ 2018년 9월 21일부터 사전평가 85점 이상 득점자는 바로 영주용 종합평가 신청이 가능합니다. (단, 5단계 기본 과정 수료 없이 영주용 종합 평가에 합격하더라도 이수 완료로는 인정되지 않음)

※ 2021년 8월 16일부터 이수 시간이 변경되어 위와 같이 진행되며, 변경 이전의 교육 과정과 이수 시간은 사회통합정보망으로 문의하시기 바랍니다.

❸ 그 외 교육

- 시민 교육: 이민자의 사회 적응을 위하여 각 분야별 전문기관이 개발한 맞춤형 교육(생활 법률 교육, 마약 예방 교육, 범죄 예방 교육 등 총 7개)이 운영되고 있으며, 법무부 사전 승인을 받아 다양한 시민 교육이 추가될 수 있습니다.
- 지자체 연계 프로그램: 각 지방자치단체의 이민자 대상 문화, 교육, 체험 프로그램 중 사회통합에 기여하는 우수 프로그램을 사회통합프로그램 지자체 연계 프로그램으로 지정하여 참여가 가능합니다.
- 이민자 멘토 교육: 한국에 성공적으로 정착한 이민자가 사회통합프로그램에 참여 중인 이민자의 멘토가 되어 한국 사회 적응을 위한 경험을 공유하는 강연 형식의 상호 소통 교육입니다.

※ 위 교육 참여 시 사회통합프로그램 교육 단계의 출석 시간으로 인정됩니다.

사회통합프로그램 안내

사회통합프로그램 교육 단계별 신청 방법

참여 신청

사회통합정보망 홈페이지에서 로그인 후 사회통합프로그램 신청

단계 배정

❶ 0단계부터 시작

사회통합정보망 ➡ '단계 배정' 메뉴에서 '0단계부터 시작' 선택하여 신청

❷ 사전평가를 통한 단계 배정

사회통합정보망 ➡ '단계 배정' 메뉴에서 '사전평가를 통한 단계 배정' 신청 ➡
사회통합프로그램 평가 홈페이지로 자동 연결 ➡ 로그인 ➡ 사전평가 신청 ➡
평가 응시료 결제 ➡ 접수증 출력 ➡ 평가 응시 ➡ 단계 배정

❸ 연계를 통한 단계 배정

· 결혼이민사증 연계
· 한국어 교육 중급 연계
· TOPIK 등급 보유자 연계

과정 신청

과정 신청 기간 내에 사회통합정보망 '과정 신청' 메뉴에서 배정 단계 수업을 선택하여 수강 신청

※ 사회통합프로그램 교육 신청은 온라인으로만 가능합니다.

사회통합프로그램 평가 단계

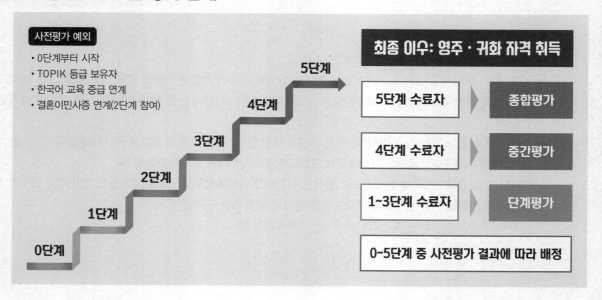

사전평가 예외
· 0단계부터 시작
· TOPIK 등급 보유자
· 한국어 교육 중급 연계
· 결혼이민사증 연계(2단계 참여)

0단계
1단계
2단계
3단계
4단계
5단계

최종 이수: 영주 · 귀화 자격 취득

5단계 수료자	▶	종합평가
4단계 수료자	▶	중간평가
1~3단계 수료자	▶	단계평가

0~5단계 중 사전평가 결과에 따라 배정

사회통합프로그램 교육 관련 Q&A

수강신청 절차

Q 사회통합프로그램 교육 단계 배정을 받았습니다. 수업을 듣기 위한 수강신청은 어떻게 하나요?

A 사회통합프로그램 교육은 1년에 3학기를 기본으로 운영하되, 지역에 따라서 2학기로 운영되기도 합니다. 매 학기 시작 전이나 학기 초반에 사회통합정보망 '과정 신청' 메뉴에서 교육 기간과 교육 시간, 교육 장소, 수업 정원 등을 확인하고 수강신청 기간 내에 온라인으로 선착순 신청해야 합니다.

[사회통합프로그램 학기]

학기	1학기	2학기	3학기
운영 기간	1월~5월	5월~8월	8월~12월

수강신청 기간을 놓쳤다면 다음 학기에 참여해야 하며, 수강신청 기간은 출입국관서 관할 지역별로 다를 수 있으니, 구체적인 일정은 가까운 운영 기관 또는 출입국관서 이민통합지원센터로 문의하시기 바랍니다.

체류지 관활 외 수강신청

Q 등록한 체류지와 다른 지역에서 직장을 다니며 주말에만 집에 갑니다. 직장을 다니는 평일에 체류지의 출입국관할이 아닌 가까운 운영 기관에서 수업을 듣고 싶은데 방법이 있나요?

A 특별한 이유로 체류지 관할 지역 외에 소재하는 운영 기관에서 교육을 받고자 하는 사람은 관련 서류(재직증명서 등)를 수강하고자 하는 지역 관할 출입국관서에 제출하고 사전 확인을 받아야 참여가 가능합니다.

단, 출입국관리법 제36조에 따른 체류지 변경신고 사항에 해당될 경우 신청은 반려되며, 체류지 변경신고 후 변경된 체류지 관할 운영 기관에 신청하시기 바랍니다.

이수 완료까지 걸리는 시간

Q 이수 완료까지 가장 짧은 소요 기간은 얼마인가요?

A 참여자의 교육 시작 단계와 재수강 여부, 운영 기관의 학기 운영 방식, 수업 중단 여부에 따라 달라지므로 단정지어 답하기 어렵지만 0단계부터 참여하여 수업 중단이나 재수강 없이 승급한 경우에 3학기제에서는 약 1년 8개월, 2학기제에서는 약 2년 반 정도 소요됩니다. 그러나 한 단계에서라도 평가에 불합격하여 재수강을 하게 되거나, 수업 중단 기간이 있다면 늘어날 수 있습니다.

주말반 수업

Q 직장을 다니고 있어 주말에만 수업이 가능합니다. 야간이나 주말에도 수업을 들을 수 있나요?

A 사회통합프로그램 수업은 주중 주간반 외에도 주중 야간반, 주말반까지 다양한 시간대로 운영됩니다. 구체적인 일정은 가까운 운영 기관 또는 출입국관서 이민통합지원센터로 문의하시기 바랍니다.

사회통합프로그램 사전평가 안내

사전평가란?

❶ 사회통합프로그램 참여 이민자의 한국어 능력 등을 측정하여 수준에 맞는 교육 단계 및 교육 시간을 배정하기 위한 시험(level test)임.

❷ 사회통합프로그램 참여자는 모두 사전평가에 응시하여 자신의 실력에 맞는 단계를 배정받아야 함.

사전평가 응시

❶ 신청 대상
- 외국인등록증 또는 거소신고증을 소지한 합법 체류 외국인 또는 귀화자
- 동포방문(C-3-8) 사증으로 입국하여 체류기간이 만료되지 않은 사람

❷ 신청 제한 대상
- 국적 취득일로부터 3년이 지난 사람
- 이수 정지일로부터 6개월이 지나지 않은 사람
- 사전평가로 단계를 배정받아 교육에 참여 중인 사람
- 사회통합프로그램 참여 중 제적되어 참여 금지 중인 사람

❸ 이미 단계를 배정받은 사람의 사전평가 재응시: 다음 대상자는 본인이 원하면 사전평가에 다시 응시하여 그 결과에 따라 교육 단계를 배정받을 수 있습니다.
- 이수 정지일로부터 6개월이 지난 사람
- 사전평가를 거치지 않고 0단계 교육부터 참여 중인 사람
- 사전평가로 단계 배정을 받았으나 교육에 참여하지 않은 사람
- 사전평가 외 단계 배정 방법에 따라 교육 단계를 배정받아 참여 중인 사람

※ 단, 사전평가에 다시 응시할 경우 이전 교육 과정(출석 시간·이수 시간 등)은 무효가 되고, 새로 응시하여 나온 결과에 따라 단계가 배정됩니다. 재응시 결과, 기존에 참여 중인 교육 단계보다 낮은 단계에 배정되더라도 그 결과에 따라야 합니다.

평가 방법(PBT · CBT 동일)

시험 종류 \ 구분	문항 유형	평가 항목	문항 수	배점 (총 100점)
필기시험 (50문항, 60분)	객관식	한국어	38문항	75점 (50문항×1.5점)
		한국 문화	10문항	
	단답형	한국어	2문항	
구술시험 (5문항, 약 10분)	읽기	한국어	1문항	25점 (5문항×5점)
	이해하기		1문항	
	대화하기		1문항	
	듣고 말하기		2문항	

사전평가 외 단계 배정 방법

단계	단계 배정 방법	① 0단계부터 시작	② 한국어능력시험(TOPIK) 등급 보유자	③ 결혼이민사증 연계	④ 한국어 교육 중급 연계
한국어와 한국 문화	0단계	배정	–	–	–
	1단계(초급1)	–	–	–	–
	2단계(초급2)	–	1급	배정	–
	3단계(중급1)	–	2급	–	–
	4단계(중급2)	–	3급	–	–
한국 사회 이해	5단계(기본)	–	4~6급	–	배정

※ 배정 단계 유효 기간: 단계 배정을 받은 날로부터 2년

❶ 0단계부터 시작

사전평가 없이 0단계(한국어와 한국 문화 기초)부터 교육 참여

❷ 한국어능력시험(TOPIK) 등급 보유자

사전평가 없이 연계평가 신청을 통해 단계 배정을 받을 수 있음

❸ 결혼이민사증 연계

2014년 4월 1일에 개정된 「결혼이민(F−6)사증발급지침」에 따라 기초적인 한국어 의사소통이 가능함을 입증한 후 결혼사증발급, 한국에 입국한 결혼이민자는 사전평가 없이 2단계 배정 가능

❹ 한국어 교육 중급 연계

타 기관에서 한국어 교육을 받은 이민자가 중급 연계과정을 통해 응시한 중간평가에 합격할 경우 5단계에 배정

✿ CBT 답안 작성 방법

수험생은 반드시 자신의 시험 접수증(수험표)과 신분증을 지참해야 합니다.

❶ 접수한 평가 일자와 평가 장소에서 응시하시기 바랍니다. 평가 당일 시작 20분 전까지는 반드시 입실해야 하며, 시험 시작 이후에는 시험장에 들어갈 수 없습니다. 감독관의 안내를 듣고 배정된 좌석에 앉아 지시를 따라야 합니다.

❷ CBT 객관식 답안은 화면에 나오는 번호를 클릭(❶)하거나 오른쪽에 보이는 번호를 클릭(❷)하여 입력할 수 있습니다.

※ 개인의 부주의로 입력되지 않은 문항에 대한 책임은 본인에게 있습니다.

❸ CBT 주관식 답안과 구술시험 답안은 컴퓨터 키보드를 이용하여 직접 입력할 수 있습니다.

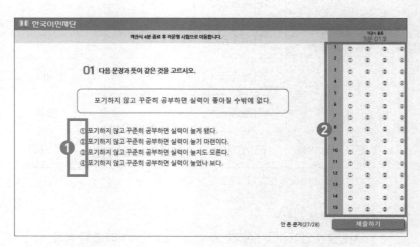

✿ PBT 답안 작성 방법

수험생은 반드시 자신의 시험 접수증(수험표), 신분증, 필기구(컴퓨터용 검은색 사인펜, 수정테이프 등)를 지참해야 합니다.

❶ 접수한 평가 일자와 평가 장소에서 응시하시기 바랍니다. 평가 당일 입실 마감 전(12시 30분)까지 반드시 입실해야 하며, 지정된 좌석에 앉아 감독관의 지시에 따라야 합니다.

❷ 답안지의 모든 표기 사항은 평가 당일 감독관이 지급하는 컴퓨터용 검은색 사인펜으로만 작성해야 합니다.

❸ 올바른 OMR 답안지 기재 방법을 숙지하여 답안을 작성해야 합니다.

※ 잘못된 필기구 사용과 답안지의 불완전한 마킹으로 인한 답안 작성 오류는 본인에게 책임이 있습니다.

❹ 평가 종료 후 감독관의 지시가 있을 때까지 퇴실할 수 없으며, 지급된 모든 문제지와 답안지는 반드시 제출해야 합니다.

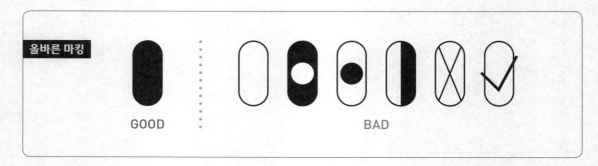

올바른 마킹

GOOD   BAD

✥ 주의사항

❶ 신분증(외국인등록증, 주민등록증, 여권, 한국 운전면허증, 사진이 첨부된 체류허가 신청확인서)을 지참하지 않으면 평가에 응시할 수 없습니다.

　※ 신분증 사본, 사진 촬영본 등 원본이 아닐 경우 응시할 수 없습니다.

❷ 시험 시간 중에는 화장실을 이용할 수 없으므로 유의하시기 바랍니다.

❸ 전자기기(휴대폰, 스마트 워치 등)를 사용하거나 대리 응시 등 감독관의 지시를 따르지 않고 부정행위를 할 경우 퇴실해야 하며, 1년 동안 사회통합프로그램에 참여할 수 없습니다.

✥ 구술시험 안내

❶ 구술시험은 필기시험과 같은 날, 필기시험이 끝난 후 실시됩니다.

❷ 구술시험은 약 10분 동안 진행됩니다.

❸ 구술시험 대기실에서 구술시험 채점표 2장을 받습니다.

❹ 받은 채점표에 자신의 성명(성과 이름)을 영어로 정확하게 적고, 외국인등록번호, 일시, 지역을 바른 글씨로 적습니다.

구술시험 채점표

☐ 평가구분: 사전평가

성명	Hong Gil Dong	일시	20〇〇.〇〇.〇〇.	구술 시험관	성명	
외국인등록번호	91〇〇〇〇-5〇〇〇〇〇〇	지역	서울		성명	

※ 제시된 그림은 예시입니다. 실제 평가장의 상황에 따라 자세한 내용은 달라질 수 있습니다.

❺ 구술시험 채점표를 작성한 뒤, 채점표와 외국인등록증을 가지고 순서가 될 때까지 기다립니다.

❻ 순서가 되면 구술시험 채점표와 외국인등록증을 들고 평가장에 들어갑니다.

❼ 평가장에 들어갈 때는 예의 바르게 인사를 하고, 감독관에게 구술시험 채점표와 외국인등록증을 제출합니다.

❽ 정해진 자리에 앉아 감독관의 지시에 따라 문제지를 읽고, 질문에 대답합니다.

❾ 구술시험이 끝난 뒤에는 감독관에게 인사를 합니다.

❿ 평가장을 나올 때 외국인등록증을 반드시 돌려받아야 합니다.

※ 문제의 유형은 실제 시험과 다를 수 있습니다.

📖 필기시험

필기시험에 자주 나오는 문제 유형을 살펴보고 공부를 시작해 보세요! YouTube '사회통합프로그램 STUDY' 채널에 업로드되는 무료 강의를 보면서 공부하면 공부 효과를 두 배로 늘릴 수 있습니다.

❶ 제시된 사진을 설명하는 어휘나 문장 찾기

제시된 사진 속 사물의 어휘나 행동을 나타내는 문장을 찾습니다. 보통은 생활 속에서 많이 쓰이는 어휘를 묻는 문제가 나오지만, 요즘은 행동을 나타내는 문장도 자주 나오므로 평소에 어휘를 잘 정리해 두는 것이 좋습니다.

❷ 유의어 · 반의어 찾기

문장을 읽고 밑줄 친 부분의 뜻을 생각한 뒤, 선택지에서 유의어(뜻이 서로 비슷한 말)나 반의어(뜻이 서로 반대인 말)를 찾습니다. 선택지를 하나씩 넣어 문장의 뜻이 같거나 반대가 되는 것을 찾아도 좋습니다.

❸ 문맥에 맞는 조사 · 어미 찾기

빈칸의 앞뒤 내용을 잘 읽고 어떤 내용과 관계가 있을지 생각합니다. 보통 선택지에서 어휘는 같고, 조사나 어미만 달라지므로 문맥에 맞는 조사나 어미를 찾습니다.

❹ 문맥에 맞는 어휘 찾기

먼저 빈칸을 제외한 나머지 문장을 읽어 보며 힌트를 찾습니다. 그리고 글의 흐름상 빈칸에 어떤 내용이 와야 할지 생각한 후, 선택지에서 알맞은 어휘를 고릅니다.

❺ 틀린 어휘 또는 문장 찾기

주어진 글과 선택지를 읽고 자연스럽지 못한 부분을 찾습니다. 시제나 피동 · 사동 부분에서 출제가 많이 되므로 이 부분에 주의하며 선택지를 살펴봅니다.

❻ 한국 문화 알기

한국의 상징이나 교육, 정치, 경제 등 한국의 문화를 잘 알고 있는지 묻는 유형입니다. 제1편 핵심 이론의 내용을 학습하며 낯선 내용은 반드시 정리해 둡니다.

❼ 세부내용 파악 · 중심 내용 찾기 · 제목 찾기

문제와 선택지를 먼저 읽고, 어디에 중점을 두어 글을 읽어야 할지 생각합니다. 글을 읽으며 정답과 관련 없는 선택지에 X표 하며 빠르게 정답을 찾습니다.

❽ 문맥에 맞는 표현 찾기(단답형 주관식)

앞뒤의 내용을 읽고 어떤 뜻의 어휘를 어떤 어미를 사용하여 넣어야 할지 생각합니다. 글의 흐름을 잘 이해하는 것이 중요하므로 앞 문장의 뜻을 잘 파악해야 합니다.

🎴 구술시험

구술시험은 응시자의 듣기와 말하기 능력을 평가하는 시험입니다. 구술 감독관의 질문을 듣고 내 생각을 또박또박, 정확한 발음으로 말할 수 있어야 합니다. 말하기 연습시간이 부족한 학습자들을 위해 구술시험에서 좋은 점수를 받기 위한 방법을 소개합니다.

❶ 소리 내어 말하기

먼저 내가 생각한 답을 적은 후, 해설과 비교해 봅시다. 자신이 적은 답에 부족한 부분이 있다면 답을 다시 적어 봅시다. 그리고 가장 중요한 것은 정리한 답을 직접 소리 내어 말해 보는 것입니다. 직접 소리 내어 말하는 연습을 하지 않고 시험을 보러 가면 너무 떨려서 알고 있는 것도 대답하지 못할 수 있습니다. 반드시 직접 말해 보는 연습을 해야 합니다.

❷ YouTube '사회통합프로그램 STUDY' 채널과 '기둥티비' 채널에서 구술시험과 관련된 강의 듣기

한국어 발음의 정확성과 유창성도 구술시험의 평가 요소입니다. YouTube '사회통합프로그램 STUDY' 채널과 '기둥티비' 채널에서 구술시험과 관련된 다양한 강의를 들으면서 바른 한국어 발음을 익히고, 직접 소리 내어 연습을 한다면 더욱 좋겠죠?

❸ 내 대답을 녹음해서 들어 보기, 동영상으로 대답하는 모습 촬영해서 보기

대답을 녹음해서 듣거나 동영상을 촬영해 보면 발음이 정확한지, 너무 빠르게 혹은 느리게 말하지는 않는지, 목소리가 너무 작거나 크지는 않은지 등을 알 수 있습니다. 그리고 대답할 때 몸을 흔들거나 다리를 떠는 등의 나쁜 습관은 없는지도 확인할 수 있습니다. 나쁜 습관을 고친 뒤 구술시험을 보면 훨씬 좋은 점수를 받을 수 있을 것입니다.

구성과 특징

핵심 이론

변경된 공인 교재를 반영하여 실제 사전평가에 자주 출제되는 이론을 수록했습니다. 핵심 이론을 학습한 후 Quiz로 배운 내용은 바로 복습해 봅시다.

제 2 장 한국 문화

1. 대한민국 개관

1) 대한민국을 상징하는 네 가지: 태극기, 무궁화, 한글, 애국가

2) 대한민국의 공식 문자: 한글(약 600년 전 창제)

1 대한민국은 한글과 함께 알파벳을 공식 문자로 사용하고 있다. (○ , ×)

2 한국에서는 □□이/가 법을 만드는 역할을 한다.

3 고등학교는 고등교육기관에 해당한다. (○ , ×)

정답 1 × 2 국회 3 ×

실전 모의고사

기출 동형의 실전 모의고사 5회분을 수록했습니다. 실제 시험처럼 시간을 재면서 문제를 풀어 봅시다. 구술시험은 반드시 소리 내어 말하는 연습도 하며 실전에 대비해 봅시다.

제 1 회 실전 모의고사

모바일 OMR 자동채점

⏱ 시험 시간: 60분(객관식 + 주관식)

모바일 OMR 자동채점 서비스 실시!

01-02 다음 질문에 답하시오.

01 이것은 뭐예요?

① 가방

정답 및 해설

실전 모의고사 5회분의 모든 문항에 영어와 중국어로 번역한 해설을 담았습니다. 자세하고 친절한 풀이로 혼자서도 충분히 공부할 수 있습니다.

제 1 회 정답 및 해설

빨리 보는 정답

01	02	03	04	05	06	07	08	09	10
②	③	③	②	①	③	②	②	②	④
11	12	13	14	15	16	17	18	19	20
③	①	①	②	③	①	④	④	③	①

01 정답 ②

사진 속의 물건은 시간을 나타내는 기계이므로 정답은 '시계'이다.
The picture shows a 'clock'.
照片里的物品是显示时间的机器，所以答案是"钟表"。

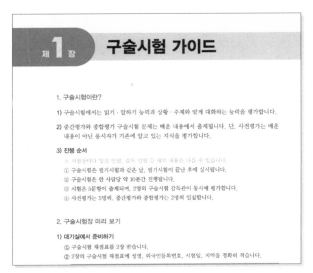

구술시험 가이드

시험장에서 구술시험이 어떻게 진행되는지 이해하기 쉽게 진행 순서대로 정리했습니다. 평가 단계별 시험 미리 보기와 고득점 Tip 등 구술시험과 관련된 정보를 자세하게 수록하여 빈틈없이 준비할 수 있습니다.

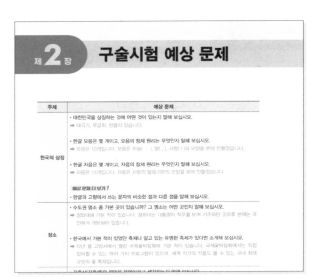

구술시험 예상 문제

구술시험 예상 문제와 예상 문제 더 보기를 수록하여 어떤 질문이 나오는지 보면서 꼼꼼하게 준비할 수 있습니다. 더불어, 구술시험을 더욱 완벽하게 준비할 수 있도록 예시답안도 함께 수록했습니다.

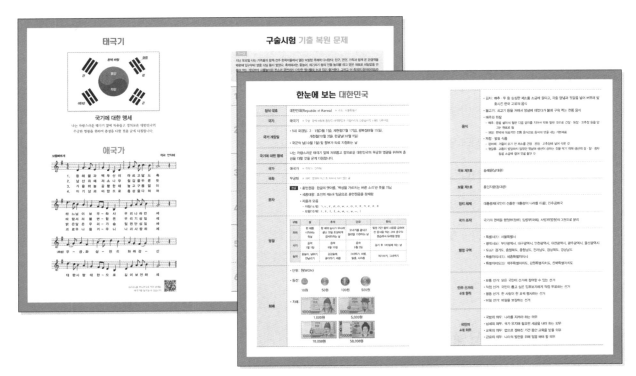

'한눈에 보는 대한민국'과 구술시험 기출 복원 문제

꼭 알아야 할 대한민국의 정보를 한눈에 볼 수 있게 정리했습니다. 또한 구술시험 최신 기출문제를 복원·수록하여 면접에 어떤 문제가 나오는지 미리 살펴볼 수 있습니다.

이 책의 차례

태극기

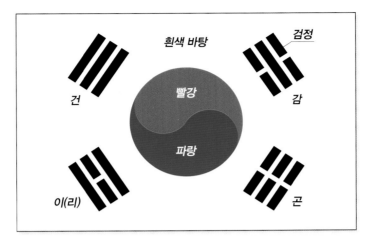

국기에 대한 맹세

나는 자랑스러운 태극기 앞에 자유롭고 정의로운 대한민국의
무궁한 영광을 위하여 충성을 다할 것을 굳게 다짐합니다.

애국가

보통빠르게 / 작곡 안익태

1. 동해물과 백두산이 마르고닳도록
2. 남산위에 저소나무 철갑을두른듯
3. 가을하늘 공활한데 높고구름없이
4. 이기상과 이맘으로 충성을다하여

하느님이 보우하사 우리나라만 세
바람서리 불변함은 우리기상일 세
밝은달은 우리가슴 일편단심일 세
괴로우나 즐거우나 나라사랑하 세

(후렴) 무 – 궁화 삼 – 천리 화려강 – 산

대 한사람 대 한 – 으로 길 이보전하 세

음식	• 김치: 배추 · 무 등 싱싱한 채소를 소금에 절이고, 각종 양념과 젓갈을 넣어 버무려 발효시킨 한국 고유의 음식 • 불고기: 쇠고기 등을 저며서 양념에 재었다가 불에 구워 먹는 전통 음식 • 메주와 된장 　– 메주: 콩을 삶아서 찧은 다음 덩이를 지어서 띄워 말린 것으로 간장 · 된장 · 고추장 등을 담그는 원료로 씀 　– 된장: 한국의 대표적인 전통 음식으로 음식의 맛을 내는 기본재료 • 저장 · 발효 식품 　– 장아찌: 겨울이 오기 전 채소를 간장 · 된장 · 고추장에 넣어 삭힌 것 　– 젓갈류: 교통이 발달하지 않던 옛날에 생선이 상하는 것을 막기 위해 생선의 살 · 알 · 창자 등을 소금에 절여 맛을 들인 것
국보 제1호	숭례문(남대문)
보물 제1호	흥인지문(동대문)
정치 체제	대통령제(국민이 선출한 대통령이 나라를 이끎), 민주공화국
국가 조직	국가의 권력을 행정부(정부), 입법부(국회), 사법부(법원)의 3권으로 분리
행정 구역	• 특별시(1): 서울특별시 • 광역시(6): 부산광역시, 대구광역시, 인천광역시, 대전광역시, 광주광역시, 울산광역시 • 도(6): 경기도, 충청북도, 충청남도, 전라남도, 경상북도, 경상남도 • 특별자치시(1): 세종특별자치시 • 특별자치도(3): 제주특별자치도, 강원특별자치도, 전북특별자치도
민주 선거의 4대 원칙	• 보통 선거: 모든 국민이 선거에 참여할 수 있는 선거 • 직접 선거: 국민이 뽑고 싶은 입후보자에게 직접 투표하는 선거 • 평등 선거: 한 사람이 한 표씩 행사하는 선거 • 비밀 선거: 비밀을 보장하는 선거
국민의 4대 의무	• 국방의 의무: 나라를 지켜야 하는 의무 • 납세의 의무: 국가 유지에 필요한 세금을 내야 하는 의무 • 교육의 의무: 법으로 정해진 기간 동안 교육을 받을 의무 • 근로의 의무: 나라의 발전을 위해 일을 해야 할 의무

한눈에 보는 대한민국

정식 국호	대한민국(Republic of Korea) ※ 수도: 서울특별시
국기	태극기 ※ 구성: 흰색 바탕에 중앙의 태극문양과 가장자리의 건곤감리의 4괘로 이루어짐
국기 게양일	• 5대 국경일: 3 · 1절(3월 1일), 제헌절(7월 17일), 광복절(8월 15일), 개천절(10월 3일), 한글날(10월 9일) • 국군의 날(10월 1일) 및 정부가 따로 지정하는 날
국기에 대한 맹세	나는 자랑스러운 태극기 앞에 자유롭고 정의로운 대한민국의 무궁한 영광을 위하여 충성을 다할 것을 굳게 다짐합니다.
국가	애국가 ※ 작곡가: 안익태
국화	무궁화 ※ 의미: 영원히 피고 또 피어서 지지 않는 꽃
문자	**한글** • 훈민정음: 한글의 옛이름, '백성을 가르치는 바른 소리'란 뜻을 지님 • 세종대왕: 조선의 제4대 임금으로 훈민정음을 창제함 • 자음과 모음 – 자음(14개): ㄱ, ㄴ, ㄷ, ㄹ, ㅁ, ㅂ, ㅅ, ㅇ, ㅈ, ㅊ, ㅋ, ㅌ, ㅍ, ㅎ – 모음(10개): ㅏ, ㅑ, ㅓ, ㅕ, ㅗ, ㅛ, ㅜ, ㅠ, ㅡ, ㅣ

명절

구분	설	추석	단오	한식
의미	한 해를 시작하는 첫날	한 해의 농사가 무사히 끝난 것을 조상에게 감사드리는 날	모내기를 끝내고 풍년을 기원하는 날	일정 기간 불의 사용을 금하며 찬 음식을 먹는 고대 중국의 풍습에서 유래된 명절
시기	음력 1월 1일	음력 8월 15일	음력 5월 5일	동지 후 105일째 되는 날
놀이	윷놀이, 널뛰기, 연날리기	강강술래, 줄다리기, 씨름	그네뛰기, 씨름, 탈춤, 사자춤	제기차기, 그네뛰기

화폐

• 단위: 원(WON)

• 동전:

10원	50원	100원	500원

• 지폐:

1,000원	5,000원
10,000원	**50,000원**

구술시험 기출 복원 문제

1~2

지난 토요일 나는 가족들과 함께 전주 한옥마을에서 열린 비빔밥 축제에 다녀왔다. 친구, 연인, 가족과 함께 온 관광객들 때문에 입구부터 발을 디딜 틈이 없었다. 축제에서는 윷놀이, 제기차기 등의 전통 놀이를 하고 얻은 재료로 비빔밥을 만들어 먹는 게임부터 사물놀이와 판소리 공연까지 다양한 행사들로 눈과 입이 즐거웠다. 그리고 이 축제의 하이라이트라고 할 수 있는 1,000인분의 대형 비빔밥 퍼포먼스도 굉장했다. 내년에는 친구들과 함께 비빔밥 축제에 가고 싶다.

1

지난주 글쓴이는 어떤 축제에 다녀왔습니까?

글쓴이는 가족들과 전주 비빔밥 축제를 다녀왔습니다.

2

축제에는 어떤 활동들이 있었습니까?

축제에는 전통 놀이를 하고 재료를 하나씩 얻어 비빔밥을 해 먹는 활동부터 사물놀이와 판소리 공연까지 다양한 행사들이 있었습니다. 그리고 축제의 하이라이트라고 할 수 있는 1,000인분의 대형 비빔밥 퍼포먼스도 있었습니다.

위의 글을 읽고 ○○ 씨가 이 축제에서 해 보고 싶은 활동은 무엇입니까?

저는 윷놀이, 제기차기 등 전통 놀이로 비빔밥 재료를 하나씩 얻어 비빔밥을 만들어 먹는 활동이 재미있을 것 같아서 해 보고 싶습니다.

3

○○ 씨가 한국에서 가 본 축제는 무엇입니까?

저는 서울에서 열린 빛초롱 축제에 가 본 적이 있습니다.

그 축제는 어떤 축제였습니까?

광화문과 청계천에서 열린 축제였는데 형형색색의 등과 장식 들로 꾸며져 있어서 아주 아름다웠습니다.

4

농촌에서 도시로 인구가 몰리면 어떤 현상이 일어나는지 말해 보세요.

인구가 도시로 몰리면 농촌은 사람이 없어 일할 수 있는 사람이 부족해지고, 도시는 사람이 많아 복잡해집니다. 사람은 많은데 땅은 정해져 있다 보니 주택이 부족한 현상이 나타나게 됩니다. 그리고 도로에는 차가 많아지면서 주차시절과 교통체증의 문제도 발생하게 됩니다. 자동차와 공장의 매연 등으로 인한 환경오염 문제도 발생하게 됩니다.

5

환경오염의 원인과 해결 방안에 대해 말해 보세요.

환경오염과 그로 인한 환경 파괴는 다양한 모습으로 나타납니다. 공장이나 자동차에서 나오는 가스나 매연은 공기를 더럽히고 지구 온난화를 발생시킵니다. 분리배출을 하지 않고 아무데나 버린 쓰레기는 토양을 오염시키기도 합니다. 또 휴지와 종이를 만들기 위해 많은 나무가 잘려서 산사태가 발생하기도 합니다. 이러한 환경오염을 해결하기 위한 방법으로는 가까운 거리는 대중교통 이용하기, 일회용품 사용 줄이기, 쓰레기 분리배출하기 등이 있습니다. 조금 번거롭더라도 우리 모두가 환경을 위하여 실천하다 보면 환경오염을 줄일 수 있을 것입니다.

6

한복의 장점과 단점에 대해 말해 보세요.

한복은 몸에 딱 맞게 입는 옷이 아니라 넉넉하게 입는 옷이기 때문에 몸에 편하고, 선이 아름답습니다. 몸의 단점을 잘 가려 주고, 옷의 모양이 일정하여 만들기도 쉽습니다. 그러나 한복을 입으면 화장실에 갈 때나 일을 할 때 빠르게 움직이지 못 하기 때문에 생활하기에는 조금 불편합니다.

제편

핵심 이론

제 1 장

한국어

1. 조사

명사, 대명사, 부사 등에 붙어서 다음에 오는 말과 문법적 관계를 나타내거나 앞말의 뜻을 도와줍니다.

구분	설명	예문
이다	주체의 행동이나 상태를 나타낼 때 사용한다.	• 이것은 책이다. • 재희는 학생이다.
은/는	소개와 설명, 주제어 강조, 대조를 나타낼 때 사용한다.	• 오늘은 춥지만 내일은 안 춥다. • 저는 회사원입니다.
이/가	행동이나 상황의 주어를 강조할 때 사용한다.	• 그 마트는 라면이 쌉니다. • 한국어가 재미있습니다.
을/를	행동에 필요한 대상을 나타낼 때 사용한다.	• 밥을 먹어요. • 커피를 마시고 싶어요.
에[시간]	시간/날/때를 나타낼 때 사용한다.	• 2시에 만나요. • 다음 달에 고향에 갑니다.
에[장소]	❶ 장소를 나타낼 때 사용한다. ❷ 목적지나 장소의 방향을 나타낼 때 사용한다.	• 화장실이 2층에 있습니다. • 학교에 가요.
에서	행동이 이루어지는 장소를 나타낼 때 사용한다.	• 카페에서 친구를 만났습니다. • 은행에서 돈을 찾아요.
～에서 ～까지	출발 장소와 도착 장소를 나타낼 때 사용한다.	• 집에서 학교까지 1시간 걸려요. • 서울에서 고향까지 기차로 가요.
～부터 ～까지	시작 시간과 끝나는 시간을 나타낼 때 사용한다.	• 12시부터 1시까지 점심을 먹어요. • 월요일부터 수요일까지 출장을 가요.
와/과/하고	사람이나 물건을 나열할 때 사용한다.	• 교실에 의자와 책상이 있어요. • 시장에서 수박과 키위를 샀어요. • 냉장고에 양파하고 감자가 있어요.
에게/한테/께	행동의 영향을 받는 대상을 나타낼 때 사용한다.	• 동생에게 전화했어요. • 고향 친구한테 이메일을 썼어요. • 부모님께 선물을 보냈어요?
(으)로[수단]	수단 · 도구 · 방법을 나타낼 때 사용한다.	• 젓가락으로 밥을 먹어요. • 음료수를 무료로 드립니다.

(으)로[방향]	방향을 나타낼 때 사용한다.	• 왼쪽으로 가면 편의점이 있어요. • 서울로 가 주세요.
도	이미 있는 것에 다른 것을 더할 때 사용한다.	• 공원에서 산책을 합니다. 자전거도 탑니다. • 나는 수영을 좋아해. 그리고 축구도 좋아해.
보다	다른 것과 비교할 때 사용한다.	• 지금은 택시보다 지하철이 빨라. • 여름보다 겨울을 더 좋아해요.
마다	빠짐없이 모두를 나타낼 때 사용한다.	• 주말마다 청소해요. • 사람마다 좋아하는 음식이 다르다.
처럼	모양이나 정도가 비슷하거나 같을 때 사용한다.	• 그 사람은 가수처럼 노래를 잘 불러요. • 5월인데 여름처럼 덥다.
밖에	오직 그것만을 선택할 때 사용한다.	• 시험 시간이 5분밖에 안 남았어요. • 지금 만 원밖에 없어요.
(이)나	❶ 예상되는 정도를 넘었거나 많을 때 사용한다. ❷ 두 가지 이상의 사물 중 하나를 선택할 때 사용한다.	• 이번 달 교통비로 30만 원이나 썼어요? • 산이나 바다로 여행을 가고 싶어요.
만큼	앞말과 비슷한 정도임을 나타낼 때 사용한다.	• 오늘 본 공연은 전에 본 공연만큼 아주 재미있었어. • 마코 씨는 한국 사람만큼 한국어가 유창해요.
조차	예상하기 어려운 상황 이상의 경우까지 더해질 때 사용한다.	• 몸이 너무 아파서 일어나는 것조차 힘들어요. • 한국 생활에 적응하지 못했을 때 말조차 안 나왔어요.
(이)야말로	앞에서 이야기한 사실을 강조할 때 사용한다.	• 저분이야말로 존경할 만한 정치인이라고 할 수 있지요. • 너야말로 그렇게 하면 안 돼.
은/는커녕	어떤 사실(또는 그보다 못한 것까지)을 부정할 때 사용한다.	• 보너스는커녕 아직 월급도 못 받았어요. • 아침은커녕 늦게 일어나서 물도 못 마셨어요.
치고	❶ 전체가 예외 없이 뒤의 내용과 같을 때에 사용한다. ❷ 그중에서 예외적임을 나타낼 때 사용한다.	• 이 물건은 중고치고 상태가 아주 좋다. • 외국에서 사는 사람치고 안 힘든 사람은 없으니까 힘을 내세요.

2. 연결 어미

앞말에 붙어 앞뒤 내용을 연결해 주는 말입니다.

구분	설명	예문
–아/어서	❶ 순서를 나타낼 때 사용한다. ❷ 이유를 나타낼 때 사용한다.	• 지난 주말에 친구를 만나서 같이 영화를 봤어요. • 감기에 걸려서 병원에 갔어요.
–(으)ㄴ/는데	❶ 대조(반대)를 나타낼 때 사용한다. ❷ 배경 상황을 제시할 때 사용한다.	• 한국은 추운데 고향은 더워요. • 내일 수업 시간에 발표하는데 잘할 수 있을지 걱정이 된다.
–고	❶ 두 가지 이상의 사실을 나열할 때 사용한다. ❷ 어떤 일이나 동작이 차례대로 일어날 때 사용한다.	• 어머니께 항상 고맙고 미안합니다. • 영지야, 숙제는 하고 자렴.
–(으)면	❶ 어떤 상황에 대한 조건을 말할 때 사용한다. ❷ 불확실한 사실을 가정할 때 사용한다. ❸ '만약(에), 만일(에)'와 자주 사용한다.	• 많이 아프면 병원에 가 보세요. • 만약 돈이 많으면 세계 여행을 하고 싶어요.
–(으)니까	어떤 일의 원인이나 이유, 근거를 강조할 때 사용한다.	• 내일 중요한 회의가 있으니까 늦지 마세요. • 돌잔치에 가니까 금반지를 사는 게 어때요?
–(으)면서	두 가지 행동을 동시에 할 때 사용한다.	• 보름달을 보면서 소원을 빈다. • 고향 음식을 먹으면서 이야기를 나누었어요.
–(으)려고	의도, 목적에 대한 행동을 나타낼 때 사용한다.	• 소포를 보내려고 우체국에 갔다. • 밥을 먹으려고 식당을 예약했습니다.
–(으)려면	❶ 어떤 행동을 할 의도가 있는 경우를 가정할 때 사용한다. ❷ 미래의 일을 가정할 때 사용한다.	• 외국인 등록증을 재발급 받으려면 사진과 여권이 필요합니다. • 수업이 끝나려면 아직 한 시간이나 남았어요.
–게	뒤에 오는 동사의 정도나 방법 등을 보충해서 말할 때 사용한다.	• 밥을 먹기 전에 손을 깨끗하게 씻어요. • 날씨가 더우니까 머리를 좀 짧게 잘라 주세요.
–다가	행동 중에 다른 행동이나 상태로 바꿀 때 사용한다.	• 어젯밤에 텔레비전을 보다가 피곤해서 잠이 들었다. • 책을 읽다가 친구를 만나서 밖으로 나갔어요.

-았/었다가	어떤 행동이나 상태가 중단된 후 다른 행동이나 상태로 바뀔 때 사용한다.	• 여행을 가려고 비행기 표를 예매했다가 급한 일이 생겨서 취소했다. • 불을 껐다가 켰다.
-아/어도	앞에 오는 말을 인정하지만 뒤에 오는 말과 관계가 없거나 영향을 끼치지 않을 때 사용한다.	• 아무리 몸이 아파도 결석하지 마세요. • 나는 시간이 없어도 아침밥은 꼭 먹는다.
-느라고	어떤 행동이 뒤에 오는 말의 목적이나 원인이 될 때 사용한다.	• 어제 이사하느라고 힘들었지요? • 낯선 환경에 적응하느라고 정신이 없었어요.
-더니	❶ 과거에 관찰하여 알게 된 사실에 대해 뒤이은 행위나 상황을 나타낼 때 사용한다. ❷ 과거에 관찰하여 알게 된 사실에 대해 반대된 사실을 나타낼 때 사용한다. ❸ 과거에 관찰하여 알게 된 사실에 대해 결과를 나타낼 때 사용한다.	• 혜영이가 책을 빌려가더니 소식이 없어요. • 감기가 낫는 듯하더니 다시 콧물이 나요. • 나나는 밥을 급하게 먹더니 배탈이 났다.
-았/었더니	과거에 직접 관찰하거나 경험한 사실의 결과를 말할 때 사용한다.	• 어제 야구장에서 큰 목소리로 응원했더니 목이 아픈 것 같아요. • 점심을 급하게 먹었더니 소화가 안 되네요.
-도록	행동의 목적이나 결과, 방식 등을 나타낼 때 사용한다.	• 구급차가 지나가도록 길을 비켜 주세요. • 감기가 낫도록 주말에는 푹 쉬세요.
(으)로 인해	뒤에 나오는 일의 원인을 나타낼 때 사용한다.	• 태풍으로 인해 비행기 출발이 지연되고 있습니다. • 최근 매운 음식으로 인해 위염 환자가 증가하고 있다.

3. 관형사형 어미

앞말에 붙어서 뒤에 나오는 명사를 꾸며주는 말입니다.

구분	설명	예문
-(으)ㄴ[과거]	어떤 일이나 동작이 과거에 일어났음을 나타낼 때 사용한다.	• 어제 먹은 빵
-는[현재]	어떤 일이나 동작이 현재에 일어남을 나타낼 때 사용한다.	• 오늘 먹는 빵
-(으)ㄹ[미래]	추측, 예정, 가능성 등 미래를 나타낼 때 사용한다.	• 내일 먹을 빵
-던	사건이나 동작이 과거에 완료되지 않고 중단되었을 때 사용한다.	• 못 보던 가방이네요. • 이 음식은 제가 고향에서 자주 먹던 음식이에요.
-았/었던	어떤 일이 과거에 일어났음을 회상할 때 사용한다. '완료'의 의미가 강하다.	• 그 병원은 내가 어렸을 때 갔던 곳이야. • 김치찌개는 제가 제일 좋아했던 음식이에요.

4. 복합 연결어미

두 가지 이상의 문법적 요소가 합쳐져 앞뒤 내용을 연결해 주는 말입니다.

구분	설명	예문
-(으)ㄹ 때(는)	어떤 행동이나 상황에서 일어난 순간을 나타낼 때 사용한다.	• 아플 때 가족이 생각나요. • 답답할 때 친구에게 이야기하세요.
-(으)ㄴ 채(로)	앞의 내용이 계속되는 상태에서 뒤의 내용이 이루어질 때 사용한다.	• 아기는 과자를 손에 쥔 채 잠이 들었어요. • 문제를 다 풀지 못한 채로 시험지를 제출했어요.
-기 위해서	어떤 일의 의도나 목적을 나타낼 때 사용한다.	• 시험에 합격하기 위해서 그동안 열심히 노력했어요. • 건강을 유지하기 위해서 매일 운동을 해요.
-기 때문에	어떤 일의 이유나 원인을 나타낼 때 사용한다.	• 매일 늦게 자기 때문에 항상 피곤해요. • 가족이 많기 때문에 어려울 때 서로 도움을 줄 수 있다.
-(으)ㄹ까 봐	그러한 행위가 발생하는 것 또는 그러한 상황이 될 것을 염려할 때 사용한다.	• 결혼식에 비가 올까 봐 걱정했어요. • 약속 시간에 늦을까 봐 지하철을 탔어요.

-는 바람에	앞의 내용이 뒤에 오는 내용의 부정적인 원인이 될 때 사용한다.	• 늦잠을 자는 바람에 학교에 지각했어요. • 갑자기 급한 일이 생기는 바람에 점심도 못 먹었어요.
-(으)ㄴ/는 김에	앞의 행동을 하고 덧붙여서 뒤의 행동도 함께 할 때 사용한다.	• 부엌 수리를 하는 김에 화장실도 고쳤어요. • 늦은 김에 천천히 갑시다.
-(으)ㄹ 테니까	조건(강한 추측, 의지)을 나타낼 때 사용한다.	• 지하철에 사람이 많을 테니까 마스크를 쓰고 가세요. • 내가 요리할 테니까 너는 빨래를 해.
-(으)ㄴ/는 데다가	어떤 동작이나 상태에 비슷한 동작이나 상태를 더해서 말할 때 사용한다.	• 이 집은 넓은 데다가 남향이다. • 제주도는 경치가 아름다운 데다가 맛있는 해산물이 많아요.
-(으)ㄹ 정도로	뒤에 오는 행동이나 상태가 앞말과 비슷한 정도를 나타낼 때 사용한다.	• 이 책은 밤을 새워서 읽을 정도로 재미있어요. • 출퇴근 시간에는 발 디딜 틈이 없을 정도로 지하철에 사람이 많다.
-(으)ㄹ 텐데	어떤 내용에 대해 말하는 사람의 추측을 나타낼 때 사용한다.	• 오후에 비가 올 텐데 우산을 가지고 가세요. • 친구가 기다리고 있을 텐데 빨리 가야겠어요.
-(으)ㄹ 뿐만 아니라	어떤 사실에 더하여 다른 상황도 나타낼 때 사용한다.	• 요즘에는 핵가족이 늘어날 뿐만 아니라 홀로 사는 노인도 많아지고 있다. • 이 식당은 분위기가 좋을 뿐만 아니라 음식도 맛있어요.

5. 종결 어미

한 문장을 끝낼 때 쓰는 말입니다.

구분	설명	예문
-(으)세요	설명, 명령, 요청 등의 뜻을 나타낼 때 사용한다.	• 잠깐만 기다리세요. • 7시에 전화하세요.
-잖아요	어떤 상황을 듣는 사람에게 확인하거나 정정해 주듯이 말할 때 사용한다.	• 아까 점심을 굶었잖아요. • 괜찮아요. 잘하고 있잖아요.
-기는요	상대방의 말을 부정할 때 사용한다.	• 좋아하기는요. 책만 펴면 잠이 쏟아지는 걸요. • 음식 솜씨가 좋기는요. 다른 사람들도 이 정도는 해요.

구분	설명	예문
-(으)ㄹ래요	❶ 자신의 의지를 표현하거나 상대방의 생각을 물을 때 사용한다. ❷ 상대방에게 부드럽게 요청이나 부탁을 할 때 사용한다.	• 오늘은 집에서 쉴래요. • 물 좀 주실래요?
-(으)ㄴ/는대요, -대요	❶ 상대방에게 다른 곳에서 얻은 정보를 전할 때 사용한다. ❷ 상대방이 들은 내용에 대해 물을 때 사용한다.	• 책에서 읽었는데 물을 너무 차갑게 해서 마시는 것은 좋지 않대요. • 케이시는 언제 미국으로 돌아간대요?
-(으)ㄹ까요?	상대방의 의견을 묻거나 제안할 때 사용한다.	• 내일 몇 시에 만날까요? • 수업 후에 커피를 마실까요?
-나요?, -(으)ㄴ가요?	(친한 사이에서) 상대방에게 물어볼 때 사용한다.	• 요즘 한국어를 배우는 사람이 많은가요? • 휴대 전화가 고장이 났는데 어떻게 해야 되나요?

6. 복합 종결어미

두 가지 이상의 문법적 요소가 합쳐져 문장을 끝낼 때 쓰는 말입니다.

구분	설명	예문
-(으)ㄹ 거예요	미래의 일이나 계획을 말할 때 사용한다.	• 저녁에 뭐 먹을 거예요? • 이번 휴일에 놀이공원에 갈 거예요.
-아/어 놓다/ 두다	어떤 동작이 끝난 상태가 그대로 유지될 때 사용한다.	• 손수건은 서랍에 넣어 놓았어요. • 책장에 꽂아 놓은 책이 없어졌어요.
-아/어 있다	어떤 일이 끝나지 않고 그 상태가 계속될 때 사용한다.	• 아이가 날리던 연이 나무에 걸려 있다. • 저는 먼저 가 있을게요.
-(으)러 가다/ 오다/다니다	가거나 오거나 하는 동작의 목적을 나타낼 때 사용한다.	• 한국에 일하러 왔어요. • 도서관에 책을 빌리러 가요.
-지 말다	어떤 행동을 하지 못하게 할 때 사용한다.	• 동생이랑 싸우지 마라. • 버스 정류장에서 담배를 피우지 마세요.
-지 않다	부정이나 반대의 뜻을 나타낼 때 사용한다.	• 저는 아침을 먹지 않아요. (= 저는 아침을 안 먹어요.) • 일요일에는 출근을 하지 않아요. (= 일요일에는 출근을 안 해요.)

−지 못하다	동사가 나타내는 동작을 할 수 없을 때 사용한다.	• 토요일에 누가 오지 못해요? (= 토요일에 누가 못 와요?) • 갑자기 일이 생겨서 모임에 가지 못해요. (= 갑자기 일이 생겨서 모임에 못 갔어요.)
−(으)ㄹ 수 있다/없다	어떤 일을 할 수 있는 능력이 있을 때(또는 없을 때) 사용한다.	• 한국어로 문자를 보낼 수 있어요. • 너무 매워서 먹을 수 없어요.
−(으)ㄹ 것 같다	어떤 일에 대한 추측을 나타낼 때 사용한다.	• 저 가방은 좀 비쌀 것 같아요. • 동생이 이 선물을 받으면 아주 좋아할 것 같아요.
−(으)ㄴ/는 적이 있다/없다	과거의 경험을 나타낼 때 사용한다.	• 한국에서 실수한 적이 있어요? • 한복을 입어 본 적이 없어요.
−(으)려고 하다	어떤 일을 하고자 하는 의도나 목적이 있을 때 사용한다.	• 피곤해서 쉬려고 해요. • 비가 와서 오늘은 집에 있으려고 한다.
−아/어야 되다/하다	반드시 어떤 행동을 해야 할 의무가 있거나 필요가 있을 때 사용한다.	• 회사에 몇 시에 가야 돼요? • 신용 카드를 만들 때 신분증이 있어야 돼요.
−고 있다	❶ 어떤 동작이 끝나지 않고 지금도 진행 중일 때 사용한다. ❷ 어떤 일이 반복적으로 계속될 때 사용한다.	• 아직도 상품을 정리하고 있어요. • 저는 무역 회사에서 번역 일을 하고 있어요.
−아/어 보이다	어떤 일에 대해 겉으로 볼 때 그 상태나 상황을 추측할 때 사용한다.	• 짐이 많아서 집이 좁아 보입니다. • 요즘 많이 피곤해 보여요.
−(으)면 되다	어떤 결과나 기준을 만족시킬 만한 조건이나 정도를 나타낼 때 사용한다.	• 이 약은 식사 후에 드시면 됩니다. • 국물이 짜면 물을 조금 더 넣으면 돼요.
−(으)ㄹ 만하다	❶ 앞말이 나타내는 행동을 할 가치가 있음을 나타낼 때 사용한다. ❷ 어떤 행동을 하는 것이 충분히 가능할 때 사용한다.	• 이 책상은 좀 오래 됐지만 아직 튼튼해서 쓸 만해요. • 이 김치는 맵지만 먹을 만해요.
−게 되다	❶ 외부의 영향으로 어떤 상태나 상황이 되는 것을 나타낼 때 사용한다. ❷ '결국, 마침내, 드디어'와 자주 사용한다.	• 친구 소개로 만나게 됐어요. • 장사가 안 돼서 결국 가게 문을 닫게 되었습니다.
−게 하다	다른 사람에게 어떤 행동을 하도록 시키거나 물건이 어떤 작동을 하게 만들었을 때 사용한다.	• 이 약은 식후에 먹게 하세요. • 선생님께서 학생들에게 창문을 열게 하셨어요.
−아/어 가다	❶ 어떤 행동이나 상태가 계속 진행될 때 사용한다. ❷ '거의, 점점, 다, 점차'와 자주 사용한다.	• 일이 거의 다 끝나 가요. • 한국에 온 지 3년이 되어 갑니다.

문법	설명	예문
-(으)ㄹ 수밖에 없다	다른 방법이나 가능성이 없을 때 사용한다.	• 지금은 밥이 없어서 빵을 먹을 수밖에 없어요. • 갑자기 출장을 가게 돼서 수업에 빠질 수밖에 없었어요.
-(으)ㄴ/는 줄 알다/모르다	어떤 사실을 그러한 것으로 잘못 알고 있을 때 사용한다.	• 인터넷에서 사진만 보고 가방이 큰 줄 알았어요. • 시험이 너무 어려워서 떨어진 줄 알았어요.
얼마나 -(으)ㄴ/는지 모르다	어떤 사실이나 생각, 느낌이 매우 그렇다고 강조해서 말할 때 사용한다.	• 라흐만 씨가 일을 얼마나 빨리 배우는지 몰라요. • 어제 저녁부터 굶어서 지금 얼마나 배가 고픈지 몰라요.
-(으)ㄹ 뻔하다	그 일이 일어나지 않았지만 거의 일어나기 직전의 상황까지 갔을 때 사용한다.	• 택시를 타지 않았다면 늦을 뻔했어요. • 길이 너무 미끄러워서 넘어질 뻔했어요.
-고 말다	의도하지 않은 일이 안타깝게도 결국 일어났을 때 사용한다.	• 친구가 선물해 준 시계를 잃어버리고 말았어요. • 과장님께 반말을 하고 말았어요.
-(으)ㄴ/는 법이다	앞의 상태나 행동이 당연하거나 이미 그렇게 정해졌을 때 사용한다.	• 노력하는 사람이 기회를 잡는 법이다. • 잘못을 하면 벌을 받는 법이지요.
-나 보다, -(으)ㄴ가 보다	❶ 어떤 사실을 추측할 때 사용한다. ❷ 비슷한 문법으로 '-(으)ㄴ/는 모양이다'가 있다.	• 다음 달에 있을 선거 운동을 준비하나 봐요. • 새로 시작한 드라마가 인기가 많은가 봐요.
-(으)ㄹ지도 모르다	확실하지 않은 내용을 추측하거나 짐작하여 말할 때 사용한다.	• 지금은 퇴근 시간이라서 길이 많이 막힐지도 몰라요. • 제 꿈을 이루는 데까지 시간이 오래 걸릴지도 모르겠지만 최선을 다할 것입니다.
-(으)ㄹ 리가 없다	어떤 일이 일어날 가능성이 없을 때 사용한다.	• 잭슨 씨가 나탈리 씨보다 일찍 도착했을 리가 없어요. • 그런 말을 했을 리가 없어요.

7. 피동사, 사동사, 간접화법

1) 피동사

다른 힘에 의해 이루어지는 일을 나타낼 때 사용한다.

-이-	놓이다, 바뀌다, 보이다, 쌓이다, 쓰이다
-히-	닫히다, 막히다, 먹히다, 읽히다, 잡히다
-리-	걸리다, 들리다, 물리다, 열리다, 팔리다
-기-	감기다, 끊기다, 안기다, 찢기다, 쫓기다

예 와, 방에서 산이 보이네요?

퇴근 시간이라서 길이 많이 막혔어요.

자는 동안 모기한테 팔을 물려서 너무 가렵다.

친구와 전화를 하는 중에 갑자기 전화가 끊겼다.

2) 사동사

다른 사람이나 동물에게 어떤 행동을 하게 할 때 사용한다.

-이-	먹이다, 끓이다, 녹이다, 높이다, 보이다, 죽이다
-히-	입히다, 눕히다, 익히다, 앉히다, 읽히다, 잡히다
-리-	살리다, 놀리다, 돌리다, 말리다, 알리다, 울리다
-기-	신기다, 감기다, 맡기다, 벗기다, 씻기다, 웃기다
-우-	태우다, 깨우다, 세우다, 씌우다, 재우다, 키우다
-추-	늦추다, 맞추다

예 그럼 제가 라면을 끓일게요.

날씨가 추우니까 아이 옷을 따뜻하게 입히세요.

다른 사람에게 저의 소식을 알리지 마세요.

음식이 맛있어서 남기지 않고 다 먹었어요.

저는 언제나 아이를 자동차 뒷자리에 태워요.

아이는 모양을 맞추느라 정신이 없어요.

3) 간접화법

다른 사람에게 들은 말을 전달할 때 사용한다.

구분	표현	예문
평서문	-(ㄴ/는)다고 하다	안내원: 오늘부터 항공권 할인 행사가 시작됩니다. 전달 ➡ 오늘부터 항공권 할인 행사가 시작된다고 해요.
의문문	-(으)냐고 하다	친구: 케이팝을 좋아해? 전달 ➡ 친구가 케이팝을 좋아하냐고 했어요.
청유문	-자고 하다	남편: 저녁에 외식합시다. 전달 ➡ 남편이 저녁에 외식하자고 했어요.
명령문	-(으)라고 하다	의사: 식후 30분에 약을 드세요. 전달 ➡ 의사 선생님이 식후 30분에 약을 먹으라고 했어.

8. 불규칙 동사

1) 으 탈락

모음 '으'가 모음과 만나면 탈락한다.

구분		기본형	-아/어요	-았/었어요
ㅏ, ㅗ ㅇ	+ 아요	고프다	고파요	고팠어요
		바쁘다	바빠요	바빴어요
ㅏ, ㅗ X	+ 어요	기쁘다	기뻐요	기뻤어요
		예쁘다	예뻐요	예뻤어요

> 예) 아침을 안 먹었더니 배가 너무 고파요.
> 월요일부터 금요일까지 업무가 많아서 바빴어요.
> 어제 친구들이 생일 파티를 해줘서 정말 기뻤어요.
> 꾸미지 않아도 예뻐요.

2) ㄹ 탈락

받침 'ㄹ'이 'ㄴ, ㅂ, ㅅ'와 만나면 탈락한다.

구분	기본형	-(으)세요	-(으)ㅂ니다
받침 'ㄹ' + ㄴ, ㅂ, ㅅ	열다	여세요	엽니다
	만들다	만드세요	만듭니다

> 예) 병원은 9시에 문을 엽니다.
> 외국인등록증은 출입국·외국인청에서 만드세요.

3) 르 불규칙

'르'가 모음을 만나면 'ㄹ'이 오고 'ㅡ'는 탈락한다.

구분	기본형	‑아/어요	‑았/었어요
'르' + 모음어미	모르다	몰라요	몰랐어요
	다르다	달라요	달랐어요
	서두르다	서둘러요	서둘렀어요
	부르다	불러요	불렀어요

ⓔ 안경이 어디에 있는지 몰라요.
　한국의 문화와 고향의 문화는 달라요.
　오늘 늦게 일어나서 준비를 서둘렀어요.
　노래를 너무 많이 불러서 목소리가 안 나와요.

4) ㄷ 불규칙

받침 'ㄷ'은 모음을 만나면 'ㄹ'로 바뀐다.

구분	기본형	‑아/어요	‑았/었어요
받침 'ㄷ' + 모음어미	듣다	들어요	들었어요
	걷다	걸어요	걸었어요

ⓔ 이 소식 들었어요?
　어제 너무 많이 걸어서 다리가 아파요.

5) ㅂ 불규칙

받침 'ㅂ'이 모음을 만나면 '오/우'로 바뀐다.

예외 돕다

구분	기본형	‑아/어요	‑으니까
받침 'ㅂ' + 모음어미	돕다*	도와요	도우니까
	맵다	매워요	매우니까
	덥다	더워요	더우니까
	어렵다	어려워요	어려우니까

ⓔ 저는 어머니를 잘 도와드려요.
　김치는 매워서 못 먹겠어요.
　제 고향보다 한국이 더 더워요.
　혼자 공부하면 어려우니까 같이 공부해요.

6) ㅅ 불규칙

받침 'ㅅ'이 모음을 만나면 탈락한다.

구분	기본형	-아/어요	-아/어서
받침 'ㅅ' + 모음어미	낫다	나아요	나아서
	붓다	부어요	부어서
	젓다	저어요	저어서
	짓다	지어요	지어서

㉠ 이 약을 먹으면 빨리 나을 거예요.

어젯밤에 라면을 먹고 잤더니 얼굴이 부었어요.

커피에 설탕과 우유를 넣고 저으세요.

고향에 돌아가면 큰 집을 지으려고 합니다.

7) ㅎ 불규칙

받침 'ㅎ' 뒤에 'ㄴ, ㄹ, ㅁ, ㅂ'이 올 경우 'ㅎ'이 탈락한다. 그리고 받침 'ㅎ'과 '-아/어요'가 만나면 모음 'ㅣ'가 온다.

예외 좋다, 넣다

기본형	-(으)ㄴ	-아/어요
빨갛다	빨간	빨개요
하얗다	하얀	하얘요
파랗다	파란	파래요
어떻다	어떤	어때요
그렇다	그런	그래요
좋다*	좋은	좋아요
넣다*	넣은	넣어요

㉠ 그 사람을 만나면 얼굴이 빨개진다.

눈이 오니까 온 세상이 하얘요.

파란 하늘을 배경으로 촬영을 했다.

고향 방문은 어땠어요?

어제 날씨가 흐리더니 오늘도 그래요.

오늘 좋은 일이 생길 것 같아요.

가방에 더 넣을 물건이 있어요?

9. 주제별 주요 어휘

주제	어휘
인사와 소개	이름, 직업, 국적, 명함
교실 속 사물	책, 공책, 책상, 의자, 칠판, 지도, 필통, 볼펜
일상생활 속 사물	휴지, 수건, 소파, 에어컨, 냉장고, 옷장, 침대, 시계, 컴퓨터, 거울, 소파, 식탁, 컵
장소	회사, 기숙사, 학교, 편의점, 은행, 집, 식당, 카페, 병원, 약국, 시장, 마트, 영화관(극장), 화장실, 박물관, 국립공원, 한강, 경찰서, 근처, 밖, 안, 앞, 옆, 뒤, 오른쪽, 왼쪽
날짜와 시간	몇 월, 며칠, 시, 분, 반, 오전, 오후, 지난주, 이번 주, 다음 주, 요일, 주말, 평일
가족	할머니, 할아버지, 부모님, 언니, 오빠, 누나, 형, 성함(이름), 연세(나이), 생신(생일), 댁(집), 계시다(있다), 드시다(먹다), 주무시다(자다), 모시다, 높임말, 확대가족, 핵가족, 세대, 유대, 분가하다, 가사, 분담하다, 다문화 가족, 맞벌이 부부, 1인 가구, 한부모 가족, 주말부부, 독거노인, 국제결혼, 입양하다, 독립하다, 결혼하다, 이혼하다, 재혼하다, 육아 휴직, 혼인율, 출산율, 저출산(저출생), 고령화, 고부, 갈등
교통	자동차, 버스, 지하철, 비행기, 기차, 고속버스, 자전거, 터미널, 정류장, 지하철역, 주차장, 대중교통, 교통 카드, 버스 전용차로, 운전면허증, 신호등, 횡단보도, 사거리, 맞은편, 쭉 가다, 똑바로 가다, 갈아타다, 환승하다, 출구로 나가다
계절과 날씨	사계절, 봄, 여름, 가을, 겨울, 기후, 따뜻하다, 덥다, 쌀쌀하다, 춥다, 시원하다, 꽃이 피다, 눈썰매, 단풍, 맑다, 흐리다, 찬바람, 바람이 불다, 체감, 온도, 습도, 강수량, 미세 먼지, 최저 기온, 최고 기온, 일교차가 크다, 영하, 영상, 폭염, 폭우, 태풍, 폭설, 가뭄, 한파, 주의보, 경보, 대피하다, 열대야, 건조하다
음식	재료, 신선하다, 시원하다, 달다, 쓰다, 시다, 짜다, 매콤하다, 짭짤하다, 싱겁다, 맛집, 밑반찬, 씻다, 벗기다, 썰다, 다지다, 끓이다, 튀기다, 찌다, 삶다, 볶다, 무치다, 굽다, 데치다, 익다, 절이다, 간을 맞추다, 부치다
기분 · 감정 · 성격	기분이 좋다, 기분이 나쁘다, 기쁘다, 행복하다, 신나다, 반갑다, 즐겁다, 슬프다, 외롭다, 화나다, 걱정되다, 짜증나다, 답답하다, 내성적, 외향적, 적극적, 소극적, 꼼꼼하다, 덜렁거리다, 다정하다, 무뚝뚝하다, 느긋하다, 급하다, 활발하다, 앞에 나서다, 낯설다, 유머 감각, 설레다, 시끄럽다, 그립다, 신기하다, 낯설다, 익숙하다, 적응하다, 서투르다, 즐기다, 기대감, 외로움, 호기심, 책임감, 자신감, 생소함, 정겹다, 감격하다, 분주하다
초대와 방문	초대, 모임, 약속, 전화를 걸다, 문자를 보내다, 집들이, 휴지, 세제, 맞이하다, 차리다, 대접하다, 돌잔치, 돌잡이, 금반지, 회갑연, 환갑잔치, 고희연, 칠순 잔치, 결혼식, 신랑, 신부, 주례, 하객, 축의금, 피로연, 폐백, 축가, 장례식, 빈소, 고인, 영정, 조문객, 상주, 조문하다, 조의금, 별세하다, 상을 당하다, 치르다, 장래를 추측하다, 장수를 기원하다, 동아리, 동호회, 동창회, 송별회, 송년회, 야유회
국경일과 특별한 날	3 · 1절(3월 1일), 제헌절(7월 17일), 광복절(8월 15일), 개천절(10월 3일), 한글날(10월 9일), 어린이날(5월 5일), 어버이날(5월 8일), 스승의 날(5월 15일), 석가탄신일(음력 4월 8일), 크리스마스(12월 25일)

명절	설날(음력 1월1일), 추석(음력 8월 15일), 한식(양력 4월 5일경), 단오(음력 5월 5일), 정월 대보름(음력 1월 15일), 동지(양력 12월 22일경), 친척, 안부, 성묘, 차례, 윷놀이, 제기차기, 연날리기, 세배를 하다, 떡국, 송편을 빚다, 보름달, 소원을 빌다, 덕담, 조상, 한가위, 부럼, 팥죽, 기원하다, 햇곡식, 햇과일, 풍습, 연휴, 넉넉하다, 풍성하다, 붐비다, 설빔, 세뱃돈
인터넷과 스마트폰	검색하다, 댓글을 남기다(쓰다), 스마트폰, 동영상, 영상 통화, 문자, 간편하다, 홈페이지, 개통하다, 접속하다, 중독, 소통하다, 신속하다, 의존도, 보편화, 단절되다, 개인 정보 유출, 사생활 노출, 활용하다, 인공 지능(AI), 자율 주행 자동차, 가상현실(VR), 사물 인터넷(IoT), 조종하다, 수집하다, 분석하다, 지능형, 응답, 제어, 작동, 발전, 개발, 비중, 비율, 전송하다, 입력하다, 악용되다, 익명성
건강	내과, 이비인후과, 정형외과, 안과, 치과, 쉬다, 건강 보험, 해열제, 두통약, 소화제, 식전, 식후, 보건소, 건강 검진, 예방 주사, 건강 진단서, 처방전, 규칙적, 안색, 기운, 입맛, 어지럽다, 몸살, 불면증, 환자, 병문안, 만성피로, 우울증, 고혈압, 당뇨, 춘곤증, 고열, 근육통, 독감, 몸이 나른하다, 졸음이 오다, 집중력이 떨어지다, 스트레칭하다, 붓다, 무리하다, 전염되다, 급성, 성인병, 저하되다, 무기력하다, 시달리다, 증상, 피부병, 응급실, 불치병, 시력 약화, 과로하다
고민과 상담	공감대, 거절하다, 솔직하다, 사귀다, 관심, 사이가 좋다, 말다툼, 다투다, 예의를 지키다, 위로, 원만하다, 어색하다, 성격이 안 맞다, 제자리걸음, 두렵다, 되풀이하다, 머리가 복잡하다, 신경이 쓰이다, 속이 타다, 골치가 아프다, 막막하다, 고민을 털어놓다, 조언을 구하다, 겁이 나다, 적성에 맞다, 우려하다, 배려, 시달리다, 고난을 이기다, 극복하다, 갈등을 겪다
교환과 환불	사이즈, 작다, 크다, 색상, 헐렁하다, 끼다, 얼룩, 마음에 안 들다, 교환하다, 환불하다, 고객 센터, 문의, 소비자 상담 센터, 치수, 택배비, 개봉하다, 훼손하다, 구입하다, 신선식품, 냉동식품, 파손, 수선하다, 증정품, 반납하다
경제	소비자, 입금하다, 출금하다, 환전하다, 송금하다, 신용카드, 체크카드, 현금 자동 인출기(ATM), 공과금을 납부하다, 금융, 예금, 보험, 등기, 지출, 경조사비, 식비, 통신비, 교육비, 의료비, 문화생활비, 가계부, 결제하다, 포인트, 쿠폰, 적립하다, 충동구매, 난방비, 전시 상품, 이월 상품, 합리적이다, 비용이 들다, 부담스럽다, 줄이다, 공동 구매, 벼룩시장, 재테크, 수익, 물가, 상승하다, 하락하다, 실업률, 증가하다, 감소하다, 경기, 호황, 불황, 환율, 오르다, 내리다, 인상, 변동, 급등, 수요, 공급, 침체, 금융실명제, 비수기, 성수기, 폭락, 폭등, 매출
주거 환경	편리하다, 익숙하다, 깨끗하다, 조용하다, 복잡하다, 한적하다, 공기가 맑다, 경치가 좋다, 빌딩 숲, 산업 단지, 안전하다, 소음이 심하다, 공기가 탁하다, 편의 시설, 문화 시설, 논, 밭, 풍경, 자연 경관
공공기관과 복지	구청, 행정복지센터(주민 센터), 전입 신고, 출생 신고, 혼인 신고, 증명서, 영주권, 국적 취득, 귀화, 신청서(신고서), 외국인등록증, 재발급, 체류지, 체류 기간 연장, 체류 자격 변경, 유효 기간, 서명, 서류, 작성하다, 번역하다, 출력하다, 복사하다, 통역하다, 사회 보험, 공공부조

문화생활	신청하다, 개최하다, 행사, 축제, 체험, 문의, 주최, 후원, 게시판, 회원, 대회, 참여하다, 가입하다, 선착순, 공연, 연극, 연주, 영화, 사물놀이, 전시회, 콘서트, 예약, 예매, 좌석, 관람하다, 감상 소감, 안내 방송, 입장하다, 참석하다, 유의 사항
고장과 수리	고장(이) 나다, 하수구가 막히다, 물이 새다, 전등이 나가다, 문이 잠기다, 냉동이 안 되다, 액정이 깨지다, 전원이 안 켜지다, 인터넷 연결이 안 되다, 서비스 센터에 문의하다, 출장 서비스를 신청하다, 서비스 센터에 방문하다, 고치다, 수리하다, 무상 수리, 떨어뜨리다, 점검하다, 플러그를 뽑다, 플러그를 꽂다, 밸브를 열다, 밸브를 잠그다
취업과 직장 생활	이직, 상사, 후배, 업무, 지시, 임금 체불, 산업 재해, 근무 조건, 결재, 구직, 창업, 정보를 얻다, 교류, 고충, 시간제, 사업하다, 전문성, 근무 환경, 월급, 구인 광고, 이력서, 자기소개서, 지원서, 제출하다, 필기시험, 면접, 분야, 인원, 경력, 직종, 급여, 수당, 지원, 사본, 자격증, 승진, 기회를 잡다, 동기, 유창하다, 인력, 파견하다, 일손, 기회, 차별 대우를 당하다, 자기 계발, 열정을 쏟다
부동산	주택, 아파트, 오피스텔, 빌라, 원룸, 기숙사, 매매, 전세, 월세, 편의 시설, 산책로, 전망, 햇빛, 내부, 환경, 형태, 선호하다, 테라스, 층간 소음, 등기부 등본, 부동산 중개인(공인중개사), 신축, 역세권, 잔금, 특약 사항, 풀 옵션, 셰어 하우스, 입주자
문화유산	문화유산, 자연유산, 무형유산, 기록 유산, 문화재, 유적지, 유물, 궁궐, 사찰, 제사, 무덤, 화산섬, 성곽, 우수성, 인정받다, 탐방하다, 지정하다, 보존하다, 전승하다, 가치, 조상, 후손, 물려주다
사건과 사고	넘어지다, 미끄러지다, 빠지다, 떨어지다, 치이다, 베이다, 데다, 부러지다, 찢어지다, 깁스, 목발을 짚다, 꿰매다, 지연되다, 화상을 입다, 부딪히다, 가해자, 피해자, 부상자, 사망자, 피의자, 용의자, 합의하다, 검거, 취객, 사기, 살인, 강간, 절도, 방화, 폭행, 강도, 뺑소니, 체포하다, 혐의, 수사
교육 제도	입학, 방학, 졸업, 국립, 공립, 자율, 공교육, 사교육, 보충하다, 교육열, 주입식, 암기, 창의 교육, 인성 교육, 경쟁, 치열하다, 입시, 대학 수학 능력 시험(수능), 수시, 정시, 진학률, 의무 교육, 무상 교육, 평생교육
선거와 투표	선거, 대선, 총선, 지방 선거, 대통령, 국회의원, 선거 운동, 후보자, 공약, 선거 포스터, 지지하다, 유권자, 투표소, 기표소, 투표함, 개표하다, 지지율, 득표율, 당선되다, 훌륭하다, 존경하다, 정치인, 참여, 권리, 의무, 투표권, 사전 투표, 도덕성, 소통 능력, 판단력, 추진력, 행정 경험, 전문성, 리더십, 민주적, 자질, 압도적, 보통 선거, 평등 선거, 직접 선거, 비밀 선거, 진보, 보수
환경오염	대기 오염, 수질 오염, 토양 오염, 농약, 배기가스, 차량 2부제, 대체 에너지, 쓰레기 종량제, 일회용품, 생활하수, 친환경 세제, 지구 온난화, 이상 기후, 멸종하다
법과 질서	질서를 지키다, 범죄를 저지르다, 위반하다, 처벌, 불법, 신고 전화, 무단, 범법, 경범죄, 금지, 불법 투기, 단속, 음주 소란, 시민 의식

10. 연결 어휘(접속사)

구분	설명	예문
그리고	앞뒤의 문장을 연결할 때 사용한다.	• 테이블 위에는 꽃과 반지 그리고 편지가 놓여 있었다. • 밥을 먹었다. 그리고 이를 닦았다.
그러나	앞뒤 문장의 내용이 상반될 때 사용한다.	• 4월이 되었어요. 그러나 날씨는 여전히 추워요. • 오늘은 하늘이 매우 맑습니다. 그러나 내일부터는 비가 내리기 시작하겠습니다.
그렇지만		• 나는 너를 사랑한다. 그렇지만 우리는 헤어져야만 한다. • 오늘 수영장은 공사로 인해 이용할 수 없습니다. 그렇지만 헬스장은 이용할 수 있습니다.
하지만		• 나는 빵을 좋아해. 하지만 동생은 빵을 싫어해. • 이 가방은 예뻐요. 하지만 너무 비싸서 살 수 없어요.
그래서	앞 문장의 내용이 뒤에 나오는 문장의 원인이나 근거, 조건이 될 때 사용한다.	• 어제는 아주 아팠어. 그래서 결석했어. • 피아노 연습을 열심히 했습니다. 그래서 대회에서 상을 받았습니다.
그러므로		• 나는 생각한다. 그러므로 존재한다. • 오늘은 비가 온다. 그러므로 오늘 등산은 다음 주로 미루겠다.
따라서		• 다음 주부터 장마가 시작될 예정입니다. 따라서 날이 무척 습해질 것으로 예상합니다. • 산사태가 발생하면 여러 시설이 심각한 손상을 입을 수 있습니다. 따라서 철저한 대비가 필요합니다.
그런데	❶ 이야기의 주제를 앞의 내용과 관련시키면서 다른 방향으로 이끌어 나갈 때 사용한다. ❷ 앞뒤 문장의 내용이 상반될 때 사용한다.	• 그렇군요. 그런데 왜 그때는 말을 안 했어요? • 같은 반 친구들은 벌써 숙제하고 나갔다. 그런데 나는 아직도 숙제가 많이 남아서 놀 수가 없다.

11. 기본 부사

같이, 거의, 결국, 계속, 곧, 꼭, 끊임없이, 너무, 다시, 다행히, 또한, 드디어, 마침내, 많이, 매일, 먼저, 미처, 빨리, 수시로, 아주, 앞서, 엄청, 열심히, 오래, 일찍, 자주, 잠깐, 정말, 제일, 조금, 참, 천천히, 특히, 함부로, 함께, 항상, 혹시, 혼자

12. 기본 동사

기본 동사	현재	과거	미래
가다	가요	갔어요	갈 거예요
가르치다	가르쳐요	가르쳤어요	가르칠 거예요
갈아타다	갈아타요	갈아탔어요	갈아탈 거예요
공부하다	공부해요	공부했어요	공부할 거예요
기다리다	기다려요	기다렸어요	기다릴 거예요
내려가다	내려가요	내려갔어요	내려갈 거예요
내리다	내려요	내렸어요	내릴 거예요
다니다	다녀요	다녔어요	다닐 거예요
닫다	닫아요	닫았어요	닫을 거예요
돕다	도와요	도왔어요	도울 거예요
듣다	들어요	들었어요	들을 거예요
마시다	마셔요	마셨어요	마실 거예요
만나다	만나요	만났어요	만날 거예요
만들다	만들어요	만들었어요	만들 거예요
먹다	먹어요	먹었어요	먹을 거예요
배우다	배워요	배웠어요	배울 거예요
보다	봐요	봤어요	볼 거예요
사다	사요	샀어요	살 거예요
사랑하다	사랑해요	사랑했어요	사랑할 거예요
싫어하다	싫어해요	싫어했어요	싫어할 거예요
쓰다	써요	썼어요	쓸 거예요
앉다	앉아요	앉았어요	앉을 거예요
열다	열어요	열었어요	열 거예요
오다	와요	왔어요	올 거예요

일하다	일해요	일했어요	일할 거예요
읽다	읽어요	읽었어요	읽을 거예요
입다	입어요	입었어요	입을 거예요
자다	자요	잤어요	잘 거예요
좋아하다	좋아해요	좋아했어요	좋아할 거예요
하다	해요	했어요	할 거예요

13. 기본 형용사

기본 형용사	현재	과거	미래
가깝다	가까워요	가까웠어요	가까울 거예요
가볍다	가벼워요	가벼웠어요	가벼울 거예요
기쁘다	기뻐요	기뻤어요	기쁠 거예요
길다	길어요	길었어요	길 거예요
깨끗하다	깨끗해요	깨끗했어요	깨끗할 거예요
끝나다	끝나요	끝났어요	끝날 거예요
나쁘다	나빠요	나빴어요	나쁠 거예요
느리다	느려요	느렸어요	느릴 거예요
더럽다	더러워요	더러웠어요	더러울 거예요
덥다	더워요	더웠어요	더울 거예요
맛있다	맛있어요	맛있었어요	맛있을 거예요
멀다	멀어요	멀었어요	멀 거예요
무겁다	무거워요	무거웠어요	무거울 거예요
바쁘다	바빠요	바빴어요	바쁠 거예요
배고프다	배고파요	배고팠어요	배고플 거예요
복잡하다	복잡해요	복잡했어요	복잡할 거예요
부족하다	부족해요	부족했어요	부족할 거예요
불편하다	불편해요	불편했어요	불편할 거예요
비싸다	비싸요	비쌌어요	비쌀 거예요
빠르다	빨라요	빨랐어요	빠를 거예요
싸다	싸요	쌌어요	쌀 거예요
예쁘다	예뻐요	예뻤어요	예쁠 거예요

작다	작아요	작았어요	작을 거예요
재미있다	재미있어요	재미있었어요	재미있을 거예요
조용하다	조용해요	조용했어요	조용할 거예요
좋다	좋아요	좋았어요	좋을 거예요
춥다	추워요	추웠어요	추울 거예요
충분하다	충분해요	충분했어요	충분할 거예요
크다	커요	컸어요	클 거예요
한적하다	한적해요	한적했어요	한적할 거예요

14. 반의어

동사			형용사		
가다	↔	오다	가깝다	↔	멀다
가르치다	↔	배우다	가볍다	↔	무겁다
늘다	↔	줄다	기쁘다	↔	슬프다
돈을 넣다 (입금하다)	↔	돈을 찾다 (출금하다)	길다	↔	짧다
듣다	↔	말하다	깨끗하다	↔	더럽다
들어가다	↔	나가다	넓다	↔	좁다
만나다	↔	헤어지다	높다	↔	낮다
받다	↔	주다 (드리다) (보내다)	덥다	↔	춥다
사다	↔	팔다	많다	↔	적다
살다	↔	죽다	맑다	↔	흐리다
살리다	↔	죽이다	맛있다	↔	맛없다
서다	↔	앉다	밝다	↔	어둡다
시작하다	↔	끝나다	배고프다	↔	배부르다
알다	↔	모르다	빠르다	↔	느리다
열다	↔	닫다	상승하다	↔	하락하다
열리다	↔	닫히다	쉽다	↔	어렵다
올라가다	↔	내려가다	싸다	↔	비싸다

웃다	↔	울다	재미있다	↔	재미없다
일어나다	↔	자다	조용하다	↔	시끄럽다
입학하다	↔	졸업하다	좋다	↔	나쁘다
좋아하다	↔	싫어하다	충분하다	↔	부족하다
증가하다	↔	감소하다	크다	↔	작다
찾다	↔	잃어버리다	편하다	↔	불편하다
출발하다	↔	도착하다	한가하다	↔	바쁘다
켜다	↔	끄다	한적하다	↔	복잡하다

15. 속담, 사자성어, 관용어

1) 속담

둘이 먹다가 하나가 죽어도 모르겠다	음식이 아주 맛있다는 의미이다.
고생 끝에 낙이 온다	어려운 일을 겪고 난 뒤에는 반드시 좋은 일이 생긴다는 의미이다.
말이 씨가 된다	말(言)이 중요하다는 의미이다.
말 한마디에 천 냥 빚도 갚는다	
가는 말이 고와야 오는 말이 곱다	
발 없는 말이 천 리 간다	말(言)을 조심해서 하라는 의미이다.
호랑이도 제 말 하면 온다	
낮말은 새가 듣고 밤말은 쥐가 듣는다	
입은 삐뚤어져도 말은 바로 해라	어떤 상황에서든지 말(言)은 언제나 바르게 하고 가려서 해야 한다는 의미이다.
같은 말이라도 아 다르고 어 다르다	
허리띠를 졸라매다	배고픔을 참고 절약한다는 의미이다.

2) 사자성어

고진감래	고생 끝에 즐거움이 온다.
동문서답	질문과 답이 서로 맞지 않는 엉뚱한 대답을 하다.
일석이조	동시에 두 가지 이상의 이득을 본다.
천만다행	엉킨 일들이 잘 풀려 매우 다행이다.
자유분방	격식이나 관습에 얽매이지 않고 행동이 자유롭다.
과유불급	정도를 지나침은 미치지 못함과 같다.

3) 관용어

눈 깜짝할 사이	매우 짧은 순간을 말한다.
눈앞이 캄캄하다	어찌할 줄 몰라 정신이 흐려질 때를 말한다.
발을 뻗고(펴고) 자다	어떤 일에서 벗어나 마음 놓고 편히 잘 때를 말한다.
속이 타다	걱정되고 불안할 때를 말한다.
마음을 먹다	무엇을 하려고 마음속으로 결심할 때를 말한다.
마음에 들다	무엇이 사람의 마음이나 감정에 좋게 여겨지는 모습을 말한다.
마음에 있다	무엇을 하거나 가지고 싶은 생각이 있는 모습을 말한다.
문을 닫다	경영하던 일을 그만두는 상황이나 다른 대상과 교류하지 않는 모습을 말한다.
시간 가는 줄 모르다	어떤 일에 집중하거나 바쁘게 지내서 시간이 어떻게 지났는지 알지 못할 때를 말한다.
골치가 아프다	일이나 상황을 해결하기가 귀찮거나 어려울 때를 말한다.
발 벗고 나서다	적극적으로 도와줄 때를 말한다.
발 디딜 틈이 없다	사람이 많아 복잡하고 혼잡할 때를 말한다.
발길이 뜸하다	자주 있던 소식이 한동안 없을 때를 말한다.
미역국을 먹다	시험에 떨어졌을 때를 말한다.

1. 대한민국 개관

1) 대한민국을 상징하는 네 가지: 태극기, 무궁화, 한글, 애국가

2) 대한민국의 공식 문자: 한글(약 600년 전 창제)

2. 국가 기관의 구성

1) 행정부: 행정을 맡아보는 국가 기관입니다. 행정부의 최고 책임자는 대통령이며, 대통령은 한국을 대표하는 지도자로 선거로 선출됩니다. 임기는 5년이고, 중임은 불가능합니다.

2) 입법부: 법을 만드는 국가 기관입니다. 한국에서는 국회가 입법부의 역할을 하며 국민의 의견을 반영하여 법을 만들고, 국가 재정에 관련된 역할을 합니다.

3) 사법부: 법을 해석하고 판단하여 적용하는 국가 기관입니다. 한국에서는 법원이 사법부의 역할을 하며 대법원, 고등법원, 가정법원이 있습니다.

3. 교육제도

1) 초등교육기관: 초등학교[6년, 입학은 6세가 된 날이 속하는 해의 다음 해에 가능하며 집(주소지)에서 가까운 곳으로 행정복지센터(주민 센터)에서 자동 배정]

2) 중등교육기관: 중학교(3년), 고등학교(3년)

3) 고등교육기관: 대학교(2~4년), 대학원(약 2년)

---

1 대한민국은 한글과 함께 알파벳을 공식 문자로 사용하고 있다. (○ , ×)

2 한국에서는 □□이/가 법을 만드는 역할을 한다.

3 고등학교는 고등교육기관에 해당한다. (○ , ×)

정답 1 × 2 국회 3 ×

---

4) 매년 3월에 새 학년이 시작되며, 한 학년은 두 개의 학기로 되어 있습니다. 1학기는 3월에, 2학기는 8월이나 9월에 시작합니다.

5) 학기와 학기 사이에는 여름 방학과 겨울 방학이 있습니다.

6) 초등학교와 중학교는 의무 교육으로, 취학 연령의 대한민국 국민이라면 반드시 초등학교와 중학교 교육을 받아야 합니다.

4. 한국의 선거

명칭	대선	총선거	지방 선거
투표 대상	대통령	국회의원	지방자치단체장, 지방의회의원
시기	5년마다	4년마다	4년마다
연임	X	O(제한 없음)	O(지자체장의 연임은 3회까지)

1) 한국의 선거권은 만 18세 이상 대한민국 국민에게 부여됩니다.

2) 한국의 선거는 보통 선거, 평등 선거, 직접 선거, 비밀 선거가 있습니다.
  ① **보통 선거**: 만 18세가 되면 성별·재산·학력·권력·종교 등에 관계없이 누구나 선거에 참여할 수 있습니다.
  ② **평등 선거**: 성별·재산·학력·권력·종교 등의 조건에 관계없이 공평하게 한 표씩 투표합니다.
  ③ **직접 선거**: 국민들이 직접 투표하여 자신의 대표를 선출합니다.
  ④ **비밀 선거**: 투표한 사람이 어느 후보나 정당을 선택했는지 알지 못하게 합니다.

3) 외국인의 선거
  ① **대선·총선**: 대통령이나 국회의원, 즉 국가를 대표하는 사람을 뽑는 선거로 이는 한국 국적을 가진 사람에게만 선거권이 주어집니다.
  ② **지방 선거**: 영주권을 얻은 지 3년이 경과한 만 18세 이상의 외국인은 대한민국의 국민이 아니더라도 선거권이 주어집니다. 다문화 가정과 이민자가 늘고 있기 때문에 영주권자에게도 지역의 일꾼을 뽑는 선거권을 부여합니다.

---

4 한국의 대통령은 세 번까지 연속해서 할 수 있다. (○ , ×)

5 평등 선거는 성별·재산·학력·권력·종교 등의 조건에 관계없이 공평하게 한 표씩 투표하는 방식이다.
(○ , ×)

정답 4 × 5 ○

5. 한국의 경제 성장과 한강의 기적

1) **대한민국이 경제 성장(한강의 기적)을 이룰 수 있었던 원인:** 가난을 이겨내야겠다는 국민들의 의지와 잘 살아보겠다는 노력, 그리고 우수한 노동력과 높은 교육열 덕분입니다.

2) 2024년 기준으로 한국의 1인당 국민총소득은 36,132달러를 돌파했습니다.

3) 1960년대 이전 농업, 어업, 임업 → 1960년대 경공업 → 1970~1980년대 중화학 공업, 철강, 자동차, 선박 → 1990년대 반도체, 휴대폰, 컴퓨터, 석유 제품 등 → 2000년대 관광, 방송 통신 등의 서비스업과 우주 기술, 정보 기술 등의 첨단 산업

6. 한국의 지리와 지역 정보

1) **기후:** 봄, 여름, 가을, 겨울로 사계절이 뚜렷합니다.

2) **지형:** '동고서저'의 형태로, 동쪽은 높고 서쪽은 낮은 형태입니다.

3) **지역별 특색**

① **서울:** 대한민국의 수도로 대한민국 전체 인구의 약 5분의 1이 서울에 집중되어 있습니다.

② **경기:** 서울을 둘러싸고 있으며 인구 집중 문제를 해결하기 위해 분당, 일산, 군포 등에 신도시가 건설되었습니다. 서비스업, 공업, 농업 등 여러 종류의 산업이 골고루 발달했으며 교통이 편리하고 주변에 인구가 많아서 우수한 기술자와 노동력을 구하기 쉽습니다.

③ **인천:** 서울과 경기도의 서쪽 해안에 자리 잡고 있습니다. 한국을 대표하는 항구와 인천국제공항이 있어 국가 간 교류의 중심 도시 역할을 하고 있습니다.

④ **충청:** 수도권과 전라도, 경상도, 강원도를 이어주는 역할을 합니다. 대전광역시와 국토의 균형 있는 발전을 위한 세종특별자치시가 있습니다.

⑤ **강원:** 설악산, 오대산 등과 같은 아름다운 산과 경포대 등 많은 해수욕장이 있으며 기후가 좋습니다. 관광 산업이 발달하여 도시별로 다양한 축제를 합니다.

---

6 대한민국의 국민이 아닌 외국인은 어떠한 경우에도 투표를 할 수 없다. (○ , ×)

7 국민들이 가난을 이겨내야겠다는 의지와 잘 살아보겠다는 노력, 그리고 우수한 노동력과 높은 교육열로 경제 성장을 이루어 낸 것을 □□의 기적이라 한다.

8 2024년 기준 한국의 1인당 국민총소득은 50,000달러를 돌파했다. (○ , ×)

9 대한민국 전체 인구의 약 5분의 1이 경기도에 집중되어 있다. (○ , ×)

정답 6 × 7 한강 8 × 9 ×

⑥ **경상**: 포항제철소, 울산조선소 등이 자리 잡고 있으며 전자, 철강, 조선, 자동차 등 큰 규모의 공업 단지가 있습니다.

⑦ **전라**: 서해안의 중심지로서, 농업 및 문화 예술과 관련된 전통이 깊으며 이와 관련된 산업이 발달했습니다.

⑧ **제주**: 섬 전체가 화산 지형으로 이루어져 있습니다. 제주화산섬과 용암동굴은 유네스코 세계자연유산으로 등재되어 있습니다.

7. 대한민국의 민주주의

1) 4 · 19 혁명: 1960년 3월 15일 총선거에서 이승만 정권이 개표를 조작한 것에 반발하여 일으킨 시위입니다.

2) 5 · 18 민주화 운동: 1980년 5월 18일 군인들이 정치에서 물러날 것과 민주정부를 수립할 것 등을 요구한 시위입니다.

3) 6월 민주 항쟁: 1987년 6월 대통령 직선제 등의 민주화를 주장한 시위입니다.

8. 법과 질서

1) 생활 속 법률(경범죄): 무단횡단, 주 · 정차 위반, 신호 위반, 쓰레기 무단 투기, 음주소란, 무단출입, 노상방뇨 등의 행위를 저지르면 벌금을 냅니다.

2) 생활 속 질서(공공 예절)

① 길을 걸으면서 담배를 피우지 않습니다.
② 에스컬레이터나 엘리베이터에서 뛰지 않습니다.
③ 반려동물을 데리고 나올 때는 목줄을 착용하도록 합니다.

---

10 한국은 군인들이 정치에서 물러날 것과 민주 정부 수립을 요구하는 대규모 시위가 일어난 적이 있다.

(○ , ×)

정답 10 ○

9. 국경일

1) **3 · 1절(3월 1일):** 대한민국이 일본의 식민 통치에 맞서, 독립선언서를 발표하여 한국의 독립 의사를 세계에 알린 날을 기념하는 국경일입니다.

2) **제헌절(7월 17일):** 대한민국 헌법을 제정하고 공포한 것을 기념하는 국경일입니다.

3) **광복절(8월 15일):** 일본에 빼앗겼던 대한민국의 주권을 다시 찾은 날을 기념하고 대한민국 정부 수립을 축하하는 국경일입니다.

4) **개천절(10월 3일):** 단군이 최초의 민족 국가인 조선을 건국했음을 기리는 뜻으로 제정된 국경일입니다.

5) **한글날(10월 9일):** 세종대왕이 훈민정음(한글)을 만들어서 세상에 펴낸 것을 기념하고, 한글의 우수성을 기리기 위한 국경일입니다.

10. 명절

구분	설	추석	단오	한식
의미	새해의 안녕과 건강을 기원하는 날	한 해의 농사가 무사히 끝난 것을 조상님께 감사드리는 날	모내기를 끝내고 풍년을 기원하는 날	일정 기간 불을 사용하지 않고 찬 음식을 먹는 고대 중국의 풍습에서 유래된 명절
시기	음력 1월 1일	음력 8월 15일	음력 5월 5일	동지 후 105일째 되는 날
음식	떡국	송편, 토란국	수리취떡, 쑥떡, 망개떡, 앵두화채	쑥(쑥떡), 진달래(화전), 오미자(창면, 화면)
풍습	설빔, 차례, 세배, 복조리	차례, 벌초, 성묘	창포물에 머리감기, 대추나무 시집 보내기	차례, 성묘, 찬 음식 먹기
놀이	윷놀이, 널뛰기, 연날리기	강강술래, 줄다리기, 씨름	그네뛰기, 씨름, 탈춤, 사자춤, 가면극	제기차기, 그네뛰기

---

11 대한민국 헌법을 제정하고 공포한 것을 기념하는 국경일을 □□□(이)라고 한다.

12 10월 9일은 한글이 만들어져 세상에 널리 알린 것을 기념하는 날이다. (○ , ×)

11 제헌절 12 ○

1) 설

① 설은 음력 1월 1일이며 1년 중 가장 큰 명절입니다.

② 조상님께 차례를 지내고 웃어른께 세배를 합니다.

③ 설날의 대표적인 음식에는 떡국이 있습니다.

④ 전통 놀이로 윷놀이, 연날리기 등을 즐깁니다.

2) 추석(한가위)

① 한가위 또는 중추절이라고도 합니다.

② 음력 8월 15일입니다.

③ 햇곡식과 햇과일로 차례를 지내고 성묘도 합니다. 그리고 추석 전 조상님의 묘를 찾아가 풀도 벱니다(벌초).

④ 추석의 대표적인 음식에는 송편이 있습니다.

⑤ 전통 놀이로 달맞이, 강강술래 등을 즐깁니다.

3) 정월 대보름

① 정월 대보름은 음력 1월 15일입니다.

② 정월 대보름에는 오곡밥과 나물을 먹으며, 호두·밤·땅콩 등을 딱 소리가 나게 깨어 먹는 '부럼 깨물기'를 합니다.

---

13 한국에서는 음력 1월 1일에 떡국을 먹으며 새해의 안녕과 건강을 기원한다.　　(○ , ×)

14 추석에는 보통 콩국수를 먹는다.　　(○ , ×)

정답　13 ○　14 ×

11. 한국의 도시와 농촌

1) 도시의 특징

① 장점: 생활이 편리하고 교통수단과 편의 시설이 발달했습니다.

② 단점: 주택이 부족하고 교통이 혼잡하며, 환경오염 문제가 발생하고 있습니다.

2) 농촌의 특징

① 장점: 주민 간 관계가 친밀합니다.

② 단점: 노동력이 부족하고 대중교통이나 의료·문화 시설이 부족한 편입니다.

12. 한국의 주거 문화

1) 단독 주택: 3층 이하의 다가구 주택을 포함한 가구를 말합니다.

2) 공동 주택: 연립 주택과 5층 이상의 아파트를 포함한 가구를 말합니다.

3) 과거는 단독 주택이 대부분이었으나 현재는 아파트에 사는 가구 수가 많습니다.

4) 한국의 주거 방식

① 자가, 전세, 월세로 나눌 수 있습니다.

② 전세는 보증금으로 일정한 돈을 맡기고 계약하는 것을 말합니다.

③ 월세는 매달 일정한 돈을 내고 집이나 방을 빌려 쓰는 것을 말합니다.

④ 집을 계약할 때 등기부 등본을 확인하는 것이 필요합니다.

⑤ 등기국이나 대법원 인터넷등기소에서 등기부 등본을 확인할 수 있습니다.

---

15 한국의 농촌은 대개 교통이 혼잡하고 주택이 부족하다는 단점이 있다. (○ , ×)

16 한국에서는 현재 아파트에 사는 가구 수가 많다. (○ , ×)

17 한국에서 주택을 □□(으)로 계약하기 위해서는 일정한 금액의 돈을 보증금으로 집주인에게 맡겨야 한다.

정답 15 × 16 ○ 17 전세

13. 한국의 전통 의식주

1) 한국의 전통 음식

① 한국의 주식은 밥입니다. 한국의 전통적인 밥상은 밥, 국, 반찬으로 구성됩니다.

② 발효 식품의 종류: 김치, 고추장, 된장, 젓갈 등이 있습니다.

2) 한옥의 특징

① 대한민국의 전통 가옥을 한옥이라 하며, 지붕을 만드는 재료에 따라 초가집, 기와집으로 나눕니다.

② 한옥에는 방을 따뜻하게 해 주는 온돌과 여름을 시원하게 보낼 수 있는 대청마루가 있습니다.

③ 집 앞에는 강이 있어 식수나 생활용수를 얻기 좋고, 집 뒤에는 산이 있어 바람을 막아주는 배산임수 지형을 선호합니다. 그리고 햇볕이 잘 들어오도록 남쪽을 바라보는 남향집을 좋은 집터로 봅니다.

14. 한국의 의례

1) 결혼식: 남녀가 정식으로 부부가 되는 의례입니다.

① 많은 사람 앞에서 부부가 됨을 서약하는 의식입니다.

② 혼인 신고를 해야 법적인 부부로 인정됩니다.

③ 초대 받은 사람은 축의금을 내고 식사를 하면서 결혼을 축하해 줍니다.

④ 결혼 후에는 양가 가족에게 폐백을 하고 신혼여행을 떠납니다.

2) 장례식: 죽은 사람에게 예를 갖추고 떠나보내는 의식입니다.

① 장례식장에서 유족은 문상객을 맞이하고, 문상객은 조의금을 준비합니다.

② 문상객은 죽은 사람에게 두 번, 유족에게 한 번 절을 합니다.

※ 결혼을 축하하는 뜻으로 준비한 돈이나 물품을 축의금이라 하며, 죽은 사람과 그 가족을 위로하기 위해 내는 돈이나 물품은 조의금이라고 합니다.

---

18 김치, 고추장, 된장, 젓갈 등은 한국의 전통 음식 중 □□ □□에 해당한다.

19 한옥에는 겨울을 따뜻하게 보낼 수 있는 □□와/과 여름을 시원하게 보낼 수 있는 □□□□이/가 있습니다.

20 한국에서는 사람이 죽으면 유족을 위로하기 위해 축의금을 전달한다.　　　　　(○ , ×)

정답　18 발효 식품　19 온돌, 대청마루　20 ×

3) 제사

① 조상이 돌아가신 날이나 명절에 조상을 추모하는 것을 말합니다.

② 제사상을 차려 두고 두 번 절한 후 음식을 가족과 나누어 먹습니다.

4) 돌잔치

① 태어나고 첫 번째 생일을 기념하는 잔치를 말합니다.

② 돌잡이 행사에서 아이의 장래를 예측합니다.

③ 돌잔치에 금반지를 선물하는 경우가 많은데 이는 건강하고 행복하게 잘 자라라는 의미를 담고 있습니다.

5) 환갑

① 61세가 되는 생일, 즉 60번째 생일을 말합니다.

② 요즘에는 평균 수명이 길어져서 대부분 70번째 생일에 칠순잔치를 합니다.

6) 기타 생일: 생일에는 가족이나 친구들이 함께 모여 식사를 하거나 미역국을 끓여 먹습니다.

15. 한국의 전통 가치와 연고

1) 효: 부모뿐 아니라 웃어른을 공경하고 존중하는 마음을 말합니다.

2) 예절: 몸과 마음을 바르게 하여 상대방을 존중하는 것을 말합니다.

3) 상부상조: 함께 힘을 모아 마을의 어렵고 힘든 일을 해결하는 것을 말합니다.

4) 공동체 정신: 한국에서는 농경 사회를 거치면서 개인보다 공동체를 중요하게 여깁니다.

5) 혈연: 같은 성씨에 같은 가문의 사람을 말하며, 중요한 인연이라 여기는 경우가 많습니다.

6) 지연: 고향이나 출신 지역에 따라 이어진 인연을 말하며, 지연으로 만들어진 대표적인 모임에는 향우회가 있습니다.

7) 학연: 출신 학교에 따라 이어진 인연을 말합니다.

---

21 61세가 되는 생일을 환갑이라고 한다. (○ , ×)

22 한국에서는 부모를 공경하고 기쁘게 해 드리는 효를 중시한다. (○ , ×)

정답 21 ○ 22 ○

16. 가족 형태

1) 과거의 가족 형태: 예전에는 보통 자녀를 3~5명씩 낳았으며 장남이 부모님을 모시고 사는 경우가 많았습니다. 과거에는 할아버지·할머니, 아버지·어머니, 자녀 등의 여러 세대가 같은 집에 함께 사는 확대가족 형태의 가족이 많았습니다.

2) 현대의 가족 형태: 자녀를 적게 낳는 경우가 많고, 결혼 후 부모님을 모시고 사는 경우가 줄어들고 있습니다. 현대에는 부모와 미혼 자녀가 함께 사는 핵가족 형태의 가족이 많습니다.

3) 달라지는 가족 형태: 혼자 사는 1인 가구가 늘어났으며, 결혼을 하더라도 자녀 없이 결혼 생활을 하는 딩크족과 부부가 모두 직업을 가지고 일을 하는 맞벌이 부부도 늘고 있습니다.

---

23 현대 한국의 가족 형태는 부모와 미혼 자녀가 함께 사는 □□□ 형태의 가족이 많다.

정답 23 핵가족

4) 가족 관계

① 시댁(시가, 시집) 호칭

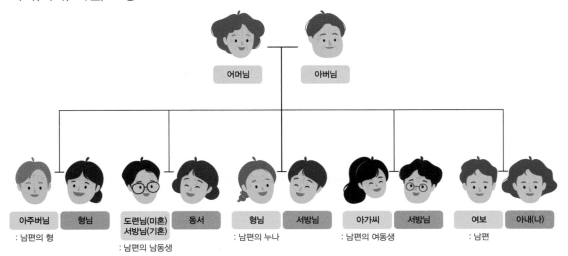

② 처가댁(처가, 처갓집) 호칭

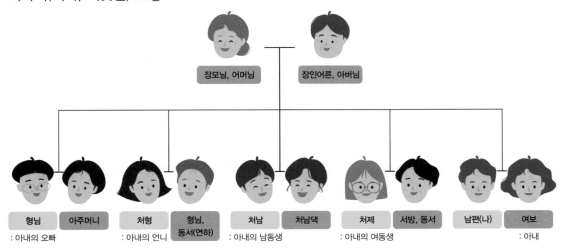

24 아내의 아버지는 '장모어른'이라고 불러야 한다. (○ , ×)

25 남편의 형은 '도련님'이라고 불러야 한다. (○ , ×)

정답 24 × 25 ×

17. 한국의 역사

1) 고대

① 대한민국 최초의 국가는 기원전 2333년 단군이 세운 고조선이며, 관련된 내용은 ≪삼국유사≫라는 책에 기록되어 있습니다. 또한 8조법이 있었던 것으로 전해집니다.

② 고조선 멸망 이후 수많은 국가가 세워졌고 그중 백제, 고구려, 신라가 경쟁을 하면서 삼국 시대가 성립했습니다.

③ 삼국 시대에 가장 먼저 발전한 나라는 백제입니다. 그리고 가장 영토를 크게 넓힌 나라는 고구려로 그 주역은 광개토대왕입니다.

④ 신라는 삼국 중 가장 늦게 발전했으나, 진흥왕 때 화랑도를 중심으로 삼국을 통일했습니다.

2) 중세

① 통일 신라가 붕괴되고 왕건이 세운 고려가 민족을 통일했습니다.

② 고려 때 만들어진, 세계에서 가장 오래된 금속 활자본은 ≪직지심체요절≫이며, 현재 프랑스 국립도서관에 보관되어 있습니다.

3) 근세

① 1392년 이성계가 조선을 건국했습니다.

② 조선 시대 왕조의 역사가 기록된 ≪조선왕조실록≫은 세계적으로 유례가 없는 오래되고 방대한 양의 역사서입니다.

4) 근대

① 1910년 일본에 국권을 빼앗겼다가 1945년 8월 15일 빼앗겼던 국권을 되찾았습니다.

② 1948년 8월 15일 대한민국 정부가 수립되었습니다.

18. 한국의 인물

1) 한국 화폐 속 위인들

① 천 원권의 이황, 오천 원권의 이이, 만 원권의 세종대왕, 오만 원권의 신사임당은 한국 역사에서 중요한 인물들입니다.

② 이황은 조선을 대표하는 학자이며 도산서원에서 제자를 교육하고 학문을 연구하는 데 일생을 바쳤습니다.

③ 이이는 조선을 대표하는 학자이며 십만양병설을 주장했고, 일본의 전쟁에 대비해야 한다고 했습니다. 이이는 오만 원권에 그려진 신사임당의 아들이기도 합니다.

④ 조선 시대에 가장 위대한 임금인 세종대왕은 한글을 만들고 과학 기술을 발전시킨 왕입니다.

⑤ 신사임당은 지폐에 실린 인물 중에서 유일한 여성 인물입니다. 뛰어난 글재주와 그림 솜씨를 갖춘 훌륭한 예술가입니다.

2) 전쟁을 승리로 이끈 인물들

① 을지문덕 장군은 중국 수나라가 고구려의 수도 평양을 공격했을 때, 살수(청천강)에서 침입을 막았습니다.

② 서희 장군은 거란족 장군과 대화로 전쟁을 막았습니다. 이는 역사상 가장 훌륭한 외교 활동으로 기록되어 있습니다.

③ 이순신 장군은 거북선을 만들어 일본과의 전쟁에서 크게 이기며 바다를 지킨 조선 시대의 장군입니다.

④ 광개토대왕은 주변 여러 나라와의 전투에서 크게 승리하여 영토를 확장한 고구려의 왕입니다. 광개토대왕이라는 호칭 역시 넓은 영토를 점령한 위대한 왕이라는 뜻입니다.

3) 한국의 위인들

① 유관순은 독립운동을 했던 대표적인 인물입니다. 1919년 3월 1일 일본에 항의하는 전국적인 독립운동이 벌어졌는데, 당시 학생이었던 유관순은 태극기를 흔들며 대한 독립 만세를 외치는 시위에서 큰 역할을 했습니다.

② 김구는 한국의 대표적인 독립운동가 중 한 명으로, 3·1 운동 이후 대한민국 임시 정부에서 독립운동을 이끌었습니다. 김구의 주도 아래에 수많은 독립운동이 이어지면서 1945년에 독립을 맞이했고 독립 이후에도 남북의 분단을 막기 위해 많은 노력을 기울였습니다.

③ 김대중 전 대통령은 남북정상회담을 개최했으며 한국인 최초로 노벨평화상을 수상했습니다.

④ 반기문은 한국의 외교부 장관을 거쳐서 2006년 한국인 최초로 제8대 유엔사무총장으로 선출되었습니다.

---

26 □□ □□은/는 고대 삼국 시대를 통일한 국가이다.

27 한국은 세계에서 가장 오래된 금속 활자본을 만들었다. (○ , ×)

28 □□□ 장군은 거북선을 만들어 일본과의 전쟁에서 크게 승리한 적이 있다.

29 한국의 지폐 앞면에는 모두 인물들이 등장한다. (○ , ×)

30 □□□ 전 대통령은 한국에서 최초로 노벨평화상을 수상한 인물이다.

정답 26 통일 신라 27 ○ 28 이순신 29 ○ 30 김대중

19. 외국인의 권리와 의무

1) 외국인이 한국에 입국하기 위해서는 여권과 사증(비자)이 필요합니다.

2) 한국에 90일을 초과하여 체류할 경우에는 외국인등록을 해야 합니다.

3) 체류지 변경 후 전입일로부터 15일 이내(20.12.10.)에 체류지변경신고를 해야 합니다.

4) 외국인의 인권 보호와 행복한 생활을 위한 재한외국인처우기본법이 있습니다.

5) 외국인을 위해 다국어 전화 상담 서비스가 시행되고 있습니다.

6) 의료 혜택을 받을 수 없는 외국인을 위해 복지 정책의 일환으로 의료지원사업이 진행되고 있습니다.

20. 한국의 생활법률

1) 재산과 관련된 문제의 해결

① 돈을 거래할 때 차용증을 작성하는 것이 좋습니다.

② 부동산 계약을 할 때는 등기부 등본을 확인해야 하며 법률전문가의 도움을 받아 안전하게 거래하는 것이 좋습니다.

2) 가족과 관련된 문제의 해결

① 결혼을 하려면 만 18세 이상이 되어야 합니다.

② 미성년자가 결혼하려면 부모 또는 법적인 보호자의 동의가 필요합니다.

③ 법적으로 부부가 되기 위해서는 시청, 구청, 군청 등에 혼인 신고를 해야 합니다.

④ 이혼은 합의 이혼과 재판상 이혼이 있습니다. 합의 이혼은 부부 모두가 원하는 경우 가능하며, 미성년 자녀가 있을 경우 이혼숙려제도를 적용하게 됩니다. 재판상 이혼은 가정법원의 판결로 결정되며 이혼숙려제도 적용이 불가능하고, 이혼하는 데 원인을 제공한 자는 위자료를 지급해야 합니다.

---

31 한국에 □□일 넘게 체류하기 위해서는 외국인등록을 해야 한다.

32 한국에서 법적으로 부부가 되기 위해서는 시청, 구청, 군청 등에 □□ □□을/를 반드시 해야 한다.

33 이혼을 할 때, 이혼하는 데 원인을 제공한 사람은 □□□을/를 지급해야 한다.

정답 31 90 32 혼인 신고 33 위자료

21. 모임의 종류

1) **송년회:** 연말에 한 해를 보내면서 갖는 모임입니다.

2) **송별회:** 떠나는 사람을 보내기 전에 섭섭한 마음을 달래고 행운을 비는 뜻으로 갖는 모임입니다.

3) **시무식:** 연초에 근무를 시작할 때 하는 의식입니다.

4) **종무식:** 연말에 근무를 끝낼 때 하는 의식입니다.

5) **총회:** 구성원 전체가 모여 어떤 일에 관하여 의논하는 모임입니다.

6) **회식:** 모임이나 단체에 속한 사람들이 함께 식사를 하는 모임입니다.

7) **야유회:** 친목을 위하여 야외에 나가서 노는 모임입니다.

8) **동호회:** 같은 취미를 가지고 함께 즐기는 사람들의 모임입니다.

9) **동창회:** 같은 학교를 졸업한 사람들의 모임입니다.

10) **반상회:** 이웃 간에 어떤 사안을 공유하고 논의하는 모임입니다.

11) **부녀회:** 한 마을이나 지역 사회 등에서 부녀자들이 친목을 도모하고 마을이나 단체의 일에 함께 대처하기 위하여 조직한 모임입니다.

12) **학부모회:** 학교를 중심으로 학부모와 교사로 이루어진 모임입니다.

---

34 연말에 한 해를 보내면서 벌이는 모임을 송별회라고 한다. (○ , ×)

정답 34 ×

제2편

실전 모의고사

01-02 다음 질문에 답하시오.

01 이것은 뭐예요?

① 가방

② 시계

③ 책상

④ 필통

02 다음 (   )에 들어갈 말로 알맞은 것은?

집에서 학교까지 버스(   ) 30분 정도 걸려요.

① 를

② 와

③ 로

④ 에

보기

> 가: 방에 컴퓨터가 <u>있어요</u>?
> 나: 아니요, (   ).

① 많아요   ② 적어요   ③ 바빠요   ❹ 없어요

03

가: 커피를 <u>좋아해요</u>?
나: 아니요, 커피를 (   ).

① 마셔요
② 팔아요
③ 싫어해요
④ 기다려요

04

가: 시장에 사과가 <u>싸요</u>?
나: 아니요, 사과가 (   ).

① 좋아요
② 비싸요
③ 예뻐요
④ 많아요

05

열이 나면 ( )을/를 드세요.

① 해열제
② 두통약
③ 소화제
④ 소독약

06

고향에서 보낸 소포가 ( ) 도착하지 않아서 기다리고 있어요.

① 거의
② 이미
③ 아직
④ 벌써

07-08 밑줄 친 부분과 의미가 <u>반대인</u> 것을 고르시오.

07

가: 대학교를 <u>졸업하면</u> 뭐 할 거예요?

나: 대학교를 졸업한 후에 대학원에 (　　　　　) 거예요.

① 취업할

② 입학할

③ 참가할

④ 이직할

08

가: <u>따뜻한</u> 커피를 드릴까요?

나: 아니요, (　　　　　) 커피로 주세요.

① 한적한

② 차가운

③ 맛있는

④ 편리한

다음 (   )에 들어갈 가장 알맞은 것을 고르시오.

09

> 저는 (   )에 가서 건강 검진을 받았어요.

① 은행
② 병원
③ 다문화센터
④ 출입국 · 외국인청

10

> 고향에 계신 아버지가 아프셔서 하루 종일 (   ).

① 행복했어요
② 조용했어요
③ 피곤했어요
④ 우울했어요

11

편지봉투에 우표를 (   ).

① 찍으세요
② 보내세요
③ 붙이세요
④ 넣으세요

12

한국 생활에 익숙해지니 (   )도 생겼습니다.

① 자신감
② 무력함
③ 외로움
④ 생소함

> 보기
>
> 가: 정원이 진짜 <u>예쁘네요.</u>
>
> 나: 네, 어머니께서 정원을 (   ) 만드셨어요.
>
> ① 귀엽게   ② 맛있게   ③ 어색하게   ❹ 아름답게

13

가: 소중한 우리의 문화유산을 잘 보존하여 다음 세대에게 <u>물려줘야</u> 합니다.

나: 맞습니다. 우리는 다음 세대에게 역사적으로 가치가 있는 문화유산을 (   ) 할 의무가 있습니다.

① 전승해야

② 지정해야

③ 탐방해야

④ 인정해야

14

가: 요즘 시력이 자꾸 <u>떨어지고</u> 있어요.

나: 스마트폰을 지나치게 많이 사용하면 시력이 (   ) 수 있어요.

① 단절될

② 저하될

③ 악용될

④ 유출될

다음 대화의 (   )에 들어갈 가장 알맞은 것을 고르시오.

15

가: 이번 주말에 뭐 해요?

나: 친구하고 바다에서 (   ).

① 수영하세요

② 수영했어요

③ 수영할 거예요

④ 수영하지 마세요

16

가: 어디에 가요?

나: 돈을 (   ) 은행에 가요.

① 환전하러

② 환전해서

③ 환전해야

④ 환전하면

17

가: 한국 생활은 어때요?

나: 조금 (　　　　　　) 재미있어요.

① 힘들고
② 힘들게
③ 힘들면
④ 힘든데

18

가: 설거지 다 했어요?

나: 아직요. 이 드라마만 다 (　　　　　　) 할게요.

① 봐서
② 볼 때
③ 보기 전에
④ 본 다음에

19

가: 은행에서 통장을 만들고 싶어요. 무엇이 필요해요?

나: 통장을 만들 때 신분증이 (   ).

① 있을 거예요

② 있기로 해요

③ 있어야 해요

④ 있을 수 있어요

20

가: 비빔밥을 먹어 본 적이 있어요?

나: 네, 작년에 전주로 여행을 갔을 때 (   ).

① 먹어 봤어요

② 먹어도 돼요

③ 먹고 싶어 해요

④ 먹을 것 같아요

21

가: 꿈이 뭐예요?

나: 통역사예요. 열심히 한국어를 공부해서 (   ) 한국어를 잘하고
싶어요.

① 한국 사람이나

② 한국 사람밖에

③ 한국 사람만큼

④ 한국 사람치고

22

가: 김치찌개를 (   )?

나: 당연하지요. 김치만 있으면 쉽게 만들 수 있어요.

① 끓게 돼요

② 끓게 해요

③ 끓이고 싶어요

④ 끓일 줄 알아요

23 ① 제주도는 <u>살을 만한</u> 도시예요.

② 아이가 놀이공원에 <u>가자고 해서</u> 다녀왔어요.

③ 속이 안 좋아서 밥을 <u>먹는 대신에</u> 죽을 먹었어요.

④ 아무리 몸이 <u>아파도</u> 수업 시간에 결석한 적이 없어요.

24 ① 건너편에 빵집이 새로 <u>열릴게요</u>.

② 지금 퇴근 시간이라서 길이 많이 <u>막히네요</u>.

③ 친구와 통화 중이었는데 갑자기 전화가 <u>끊겼어요</u>.

④ 음악 소리가 너무 크니까 소리를 좀 <u>줄여</u> 주시겠어요?

25

가: 경주는 어떤 곳이에요?

나: 경주는 문화유산이 ( ) 다양한 전통문화도 체험해 볼 수 있는 곳이에요.

① 많더니

② 많을수록

③ 많은 대신에

④ 많을 뿐만 아니라

26

가: 보고서는 이번 주 수요일까지 제출해야 하는 거 알지요?

나: 수요일이라고요? 저는 금요일까지 ( ).

① 제출할 만해요

② 제출하곤 했어요

③ 제출하고 말았어요

④ 제출하는 줄 알았어요

27 ① 생각하면 <u>할수록</u> 화가 나요.

② <u>청소하느라고</u> 전화를 못 받았어요.

③ 나는 지수가 요리를 <u>잘하는 줄 알았어요</u>.

④ 친구가 밥을 급하게 <u>먹었더니</u> 배탈이 났어요.

28 ① 늦게 일어나서 <u>지각하고 말았다</u>.

② 횡단보도에서 사고를 <u>당할 뻔했다</u>.

③ 끊임없는 거짓말은 언젠가 <u>밝혀진 법이다</u>.

④ 갑자기 출장을 가게 돼서 수업에 <u>빠질 수밖에 없었다</u>.

29

> 누나는 기타를 치는 것을 좋아합니다. 그래서 요즘 주말마다 문화 센터에서 기타를 (㉠). 그리고 동생은 운동을 좋아합니다. 그래서 저녁마다 공원에서 운동을 합니다.

① 배웁니다
② 만납니다
③ 보냅니다
④ 좋습니다

30

> 다음 주 외국인 센터에서 외국인을 위한 한가위 대잔치를 개최합니다. 이번 행사에는 송편 만들기 체험, K-pop 댄스 대회, 한국어 퀴즈 등 다양한 프로그램이 준비되어 있습니다. 국내에 거주하는 외국인이면 누구나 참가할 수 있습니다. 참가를 원하는 사람들은 이번 주까지 외국인 센터 홈페이지에서 (㉠) 됩니다.

① 채용하시면
② 신청하시면
③ 소개하시면
④ 모집하시면

31

매달 마지막 주 수요일은 '문화가 있는 날'이다. 이날은 다른 날보다 저렴한 가격 또는 무료로 전시, 영화, 공연 등의 문화생활을 부담 없이 즐길 수 있다. 그래서 나는 이번 '문화가 있는 날'에는 박물관에 가 볼 예정이다. 한국의 박물관은 전시뿐만 아니라 재미있는 행사도 많은데 아직 한 번도 경험해 본 적이 없어서 행사도 참여해 보고 싶다. 한국에서 새로운 문화생활을 경험하며 좋은 추억을 많이 (㉠   ).

① 하고 싶다

② 쌓고 싶다

③ 꾸미고 싶다

④ 기대하고 싶다

32

어제 백화점 세일 기간에 치마를 구입했습니다. 매장에서 치마를 입었을 때는 괜찮았는데 집에 와서 다시 입어 보니 사이즈가 작았습니다. 그래서 다음 날 영수증을 가지고 매장으로 가서 교환을 요청했습니다. 하지만 더 큰 사이즈의 제품이 없어서 바꿀 수 없었습니다. 결국, 교환 대신에 치마를 (㉠   )하여 돈을 돌려 받았습니다.

① 결제

② 무상

③ 구입

④ 반품

저는 보통 일곱 시에 일어나지만 주말에는 아홉 시에 일어납니다. 토요일은 아홉 시부터 열 시까지 청소와 빨래를 합니다. 그리고 오후에는 종합복지센터에 갑니다. 센터에서 오후 한 시부터 다섯 시까지 한국어를 배웁니다. 반면에 (㉠   )은 오전에 일어나면 간단하게 식사를 합니다. 그리고 오후에는 보통 집에서 영화를 보거나 고향에 있는 가족과 영상 통화를 합니다.

33 ㉠이 가리키는 것은?

① 월요일
② 금요일
③ 토요일
④ 일요일

34 윗글의 내용과 같은 것은?

① 주말은 아홉 시까지 잡니다.
② 주말에 영화관에서 영화를 봅니다.
③ 주말에 가족과 함께 청소를 합니다.
④ 주말에 종합복지센터에서 한국어를 가르칩니다.

35 다음 글의 내용과 같은 것은?

한국에서는 이사를 하면 가족이나 친척, 친구를 집으로 초대하는 '집들이'를 합니다. 집들이에 초대받은 사람들은 집주인을 위해 선물을 준비하는데 한국 사람들은 세제나 휴지와 같은 생활용품을 많이 선물합니다. 세제는 "빨래를 할 때 나오는 거품처럼 돈을 많이 벌어서 부자가 되세요."라는 의미가 있습니다. 그리고 휴지는 "모든 일이 잘 풀리기를 바랍니다."라는 의미가 있습니다.

① 집들이에 가기 전에 빨래를 해야 합니다.
② 한국에서는 이사를 하면 집들이를 합니다.
③ 세제는 모든 일이 잘 풀리기를 바라는 마음으로 선물합니다.
④ 한국에서는 집들이를 하면 가족과 친척, 친구들에게 생활용품을 선물합니다.

36 다음 글의 내용과 같은 것은?

제가 한국에 온 지 얼마 되지 않았을 때 버스에서 당황했던 기억이 있습니다. 저는 출근할 때 주로 버스를 탑니다. 버스를 탈 때 교통카드를 기계에 대면 '삑' 또는 '환승입니다'라는 안내를 들을 수 있습니다. 그런데 하루는 교통카드를 기계에 댔을 때 '잔액이 부족합니다'라는 안내를 들었습니다. 저는 그 뜻을 몰라서 당황했습니다. 그때 마침 버스에 타고 있던 한국 사람이 무슨 의미인지 알려 주면서 저의 버스 요금을 대신 내 주었습니다.

① 나는 한국말을 잘한다.
② 나는 가끔 버스를 탄다.
③ 한국 사람이 나를 도와주었다.
④ 교통카드가 없어서 요금을 못 냈다.

37 다음 글의 중심 내용으로 알맞은 것은?

> 직장 생활을 하다 보면 대인 관계나 업무와 야근 등으로 스트레스를 받을 때가 많다. 그럴 때 대부분의 사람은 아무것도 하지 않고 휴식을 취하면서 스트레스를 푼다. 그러나 휴식보다 야외 활동이나 동호회 활동 등 몸을 움직이는 적극적인 활동을 가지면 더 건강하게 스트레스를 해소할 수 있다.

① 직장 생활에 스트레스를 받는 것은 당연하다.
② 직장에서 스트레스를 받으면 무조건 휴식을 취해야 한다.
③ 직장 생활의 스트레스는 적극적인 활동으로 푸는 것이 좋다.
④ 직장에서 대인 관계보다 야근 때문에 스트레스를 더 많이 받는다.

38 다음 글의 제목으로 알맞은 것은?

> 한국의 학제는 초등학교 6년, 중학교 3년, 고등학교 3년, 대학교 4년(전문 대학교 2~3년)으로 구성되어 있다. 1년에 두 개의 학기로 이루어져 있으며 1학기는 3월, 2학기는 9월에 시작한다. 초등학교부터 고등학교까지는 무상 교육이 이루어지며, 그중 초등학교와 중학교는 의무 교육이다. 그리고 대학 입시 유형에는 수시 모집과 정시 모집이 있다. 이외에 다문화 가정 자녀나 외국인 등 특별한 조건을 가진 학생은 특별 전형으로 대학에 지원할 수도 있다.

① 한국의 교육열
② 한국의 교육 제도
③ 한국의 인재 양성
④ 한국의 대학 진학률

다음 질문에 답하시오.

39 한국의 상징 중 사람의 발음 기관과 하늘, 땅, 사람의 모양을 본떠 만든 것은?

① 한글

② 무궁화

③ 애국가

④ 태권도

40 다음 중 인사말이 서로 맞지 <u>않는</u> 것은?

① 가: 만나서 반갑습니다.

　나: 반가워요.

② 가: 미안합니다.

　나: 괜찮습니다.

③ 가: 안녕히 계세요.

　나: 안녕히 가세요.

④ 가: 잘 먹겠습니다.

　나: 안녕히 주무세요.

41 한국에서 첫 번째 생일과 관계가 있는 것은?

① 차례

② 세배

③ 폐백

④ 돌잡이

42 한국의 전통 난방 방식은?

① 한옥

② 온돌

③ 보일러

④ 대청마루

43 한국의 남쪽에 있는 가장 큰 섬은?

① 울릉도

② 강화도

③ 백령도

④ 제주도

44 해가 지나는 길을 보고 계절의 변화를 나눈 것은?

① 절기

② 날씨

③ 풍습

④ 새해

45 명절에 먹는 음식과 그 의미가 서로 맞지 <u>않는</u> 것은?

① 팥죽 – 붉은 색이 나쁜 잡귀를 쫓아낸다.

② 송편 – 한 해 농사가 잘 되기를 기원한다.

③ 떡국 – 하얗고 긴 떡처럼 무병장수를 기원한다.

④ 부럼 – 한 해 동안 피부병이 생기지 않도록 한다.

46 축의금과 조의금에 대한 설명으로 맞지 <u>않는</u> 것은?

① 축의금과 조의금은 서로 의지하고 돕는 한국의 문화이다.

② 축의금은 보통 빨간색 봉투에 돈을 넣어 개인적으로 낸다.

③ 빈소를 방문한 사람들은 위로의 마음을 담아 조의금을 낸다.

④ 결혼식에 가는 사람들은 축하하는 마음을 담아 축의금을 전달한다.

47 다음 글의 ⊙과 ⓒ에 들어갈 말로 알맞은 것은?

> 일정 기간 정해진 금액을 때마다 은행에 맡기는 것을 (⊙)이라고 한다. 이때 이율은 은행마다 다르고, 가입 기간이나 넣는 금액에 따라서도 달라진다. 보통 가입 기간이 길면 길수록 이자가 더 (ⓒ).

	⊙	ⓒ
①	적금	줄어든다
②	예금	늘어난다
③	예금	줄어든다
④	적금	늘어난다

48 다음 글의 내용과 <u>다른</u> 것은?

> 선거는 민주주의를 유지하고 발전시키는 중요한 요소 중 하나이며, 국민의 의사를 대신할 사람을 뽑는 행위이다. 한국에서는 대통령을 뽑는 대선, 국회의원을 뽑는 총선, 지방자치 단체장과 지방의회 의원을 뽑는 지방선거가 있다. 선거로 뽑힌 사람은 임기 동안 국민의 뜻을 받들어 자신에게 주어진 역할을 수행하는데 대통령의 임기는 5년, 국회의원, 지방자치 단체장, 지방의회 의원의 임기는 4년이다. 그리고 한국의 선거는 보통 선거, 평등 선거, 직접 선거, 비밀 선거라는 선거의 4원칙이 엄격하게 지켜지고 있다. 따라서 투표를 하는 국민은 선거의 4원칙을 지키며 누구를 선출할 것인지 깊이 생각하면서 선거에 참여해야 한다.

① 한국은 크게 세 차례의 선거가 있다.
② 한국에서는 선거의 4원칙을 지키고 있다.
③ 선거로 국민의 의사를 대신하는 사람을 뽑는다.
④ 대통령, 국회의원, 지방의회 의원의 임기는 4년이다.

다음을 읽고 ( )에 가장 알맞은 것을 쓰시오.

49

　한국에서는 학교 교육에서 학생을 올바르게 알고 지도하기 위해 참고할 만한 사항을 적은 장부인 '( )'를 활용하여 대학교 수시 모집에 지원할 수 있다.

50

　가: 어제 늦게 퇴근했어요? 피곤해 보이네요.
　나: 네, 요즘 일이 많아서 아침에 못 ( ) 피곤해요.

01-02

　　일상생활 속에서 건강을 유지하기 위해서는 먼저 균형 잡힌 식단이 중요하다. 즉 영양소를 골고루 섭취해야 한다. 너무 짜거나 단 음식은 많이 먹지 않는 것이 좋고, 채소와 과일은 많이 먹는 것이 좋다. 특히 당근은 눈 건강에 좋고, 오렌지나 귤은 피로회복에 좋다. 다음으로 충분한 수면을 취해야 한다. 성인은 하루 7~8시간의 수면이 필요하다. 잠을 충분히 자기 위해서는 자기 전에 커피보다 따뜻한 우유를 한 잔 마시거나 따뜻한 물로 샤워하는 것이 좋다.

01　위의 글을 소리 내어 읽어 보세요.

02　1) 건강에 좋은 음식은 뭐예요?

　　　2) 충분한 수면을 위해서 자기 전에 어떻게 해야 해요?

03　1) _____ 씨는 건강한 생활을 위해 무엇을 하는지 말해 보세요.

　　　2) _____ 씨의 건강을 위해 자주 먹는 음식을 말해 보세요.

04　한국의 여러 국경일 중 하나를 선택하여, 그날은 어떤 날이며 무슨 의미가 있는지 말해 보세요.

05　1) 헌법에서 한국은 민주주의 국가입니다. 헌법 제1조 제1항을 말해 보세요.

　　　2) 민주공화국의 의미를 말해 보세요.

실전 모의고사

⏱ 시험 시간: 60분(객관식 + 주관식) | ✏️ 정답 및 해설 p.187

01-02 다음 질문에 답하시오.

01 이 사람은 지금 뭐 해요?

① 공부해요.

② 식사해요.

③ 전화해요.

④ 얘기해요.

02 다음 (   )에 들어갈 말로 알맞은 것은?

저는 매일 오전 9시부터 오전 11시(   ) 한국어를 배워요.

① 가

② 도

③ 에게

④ 까지

다음 〈보기〉를 참고하여 밑줄 친 부분과 의미가 <u>반대</u>인 것을 고르시오.

가: 방에 컴퓨터가 <u>있어요</u>?

나: 아니요, (　　　　　).

① 많아요　　　　② 적어요　　　　③ 바빠요　　　❹ 없어요

03

가: 이 옷이 저에게 맞을까요?

나: 좀 <u>작겠어요</u>.

① 많겠어요

② 크겠어요

③ 짧겠어요

④ 좁겠어요

04

가: 점심 <u>많이</u> 먹었어요?

나: 아니요, 배가 안 고파서 (　　　　　) 먹었어요.

① 빨리

② 조금

③ 일찍

④ 아직

05-06 다음 (　　　)에 들어갈 가장 알맞은 것을 고르시오.

05

저는 공으로 하는 (　　　　)를 좋아해요.

① 농구
② 스키
③ 낚시
④ 독서

06

저는 떡볶이를 정말 좋아해서 집에서 (　　　　) 만들어 먹어요.

① 거의
② 너무
③ 자주
④ 전혀

밑줄 친 부분과 의미가 <u>반대인</u> 것을 고르시오.

07

가: 소만 씨의 고향도 사람이 많고 <u>복잡해요</u>?

나: 아니요, 제 고향은 사람도 별로 없고 차도 많이 없어서 (   ).

① 깨끗해요

② 편리해요

③ 시원해요

④ 한적해요

08

가: 엘리베이터가 <u>올라갑니까</u>?

나: 아니요, 1층으로 (   ).

① 타요

② 없어요

③ 얕아요

④ 내려가요

다음 ( )에 들어갈 가장 알맞은 것을 고르시오.

09

고장 난 물건을 직접 고치면 수리 ( )을 아낄 수 있어요.

① 비용
② 임금
③ 일당
④ 수당

10

신분증을 잃어버리면 ( ) 해요.

① 참여해야
② 신고해야
③ 지원해야
④ 양보해야

11

한국인의 사망 원인 중에서 1위를 (   ) 병은 암이다.

① 양보한

② 지원한

③ 충분한

④ 차지한

12

어제 인터넷으로 바지를 샀는데 마음에 안 들어요. 그래서 다른 바지로 (   )하려고요.

① 주문

② 교환

③ 환불

④ 결제

다음 〈보기〉를 참고하여 밑줄 친 부분과 의미가 비슷한 것을 고르시오.

가: 정원이 진짜 예쁘네요.

나: 네, 어머니께서 정원을 (   ) 만드셨어요.

① 귀엽게   ② 더럽게   ❸ 아름답게   ④ 맛있게

13

가: 주말에 주로 무엇을 하며 시간을 보내나요?

나: 주말에는 (   ) 집에서 시간을 보내요.

① 우선

② 편히

③ 무조건

④ 대부분

14

가: 서울에서 큰 규모의 박람회가 열렸어요.

나: 네, 올해 처음 (   ) 전통 음식 박람회래요.

① 관람하는

② 개최하는

③ 변경하는

④ 연장하는

다음 대화의 (　　　)에 들어갈 가장 알맞은 것을 고르시오.

15

> 가: 지난 주말에 무엇을 했어요?
>
> 나: 아들이 책을 좋아해서 책을 (　　　　　).

① 읽지 마세요

② 읽을 거예요

③ 읽고 싶어요

④ 읽어 줬어요

16

> 가: 요즘 계란이 너무 비싼 것 같아요.
>
> 나: 시장에 가면 조금 (　　　　　) 살 수 있어요.

① 싸게

② 싸지만

③ 비싼데

④ 비싸니까

17

가: 돌잔치에 초대받았는데 선물로 무엇을 사서 가면 좋을까요?

나: 돌잔치에 (   ) 금반지나 아기 옷을 사 가세요.

① 가서
② 가며
③ 갈 때는
④ 간 다음에

18

가: 왜 그 옷 가게에 자주 가요?

나: 싸고 (   ) 옷이 많아서요.

① 예쁜
② 예쁠
③ 예뻐서
④ 예쁘면

19

가: 다음 주에 여행을 가려고 하는데 어디가 좋을까요?

나: 부산에 한번 (   ).

① 갈게요

② 갔었어요

③ 가 보세요

④ 가고 있어요

20

가: 감기가 낫지 않아서 걱정이에요.

나: 감기가 빨리 (   ) 병원에 가는 것이 좋겠어요.

① 낫도록

② 나아서

③ 낫느라고

④ 낫기 때문에

21

가: 어제 중간고사 잘 봤어?

나: 공부를 많이 못 했는데 공부한 것에 비하면 시험을 (　　　　　) 잘 본 것 같아.

① 꽤

② 이미

③ 아직

④ 바로

22

가: 좋은 일이 (　　　　　). 아침부터 계속 웃고 있네요.

나: 오늘 부모님이 한국에 오시거든요.

① 있잖아요

② 있나 봐요

③ 있다시피 해요

④ 있고 말았어요

23 ① 그때는 머리가 <u>길었네요</u>.

② 옷이 정말 예쁘고 잘 <u>어울리네요</u>.

③ 정말 오랫동안 한국어를 <u>배웠네요</u>.

④ 여름이라 그런지 날씨가 아주 <u>더우네요</u>.

24 ① 아무리 늦게 <u>자도</u> 7시에는 일어나요.

② 택배를 <u>보내려면</u> 우체국에 가야 돼요.

③ 보고서를 <u>쓸 텐데</u> 3일 밤을 못 잤어요.

④ 어제 너무 피곤해서 겉옷을 <u>입은 채</u> 잠들었어요.

25

가: 오늘 저녁에 뭐 해요?

나: 오랜만에 아내하고 외식을 (   ).

① 했어요

② 하고 있어요

③ 하려고 해요

④ 할 뻔 했어요

26

가: 보통 주말에 뭐 해요?

나: 저는 운동도 할 겸 스트레스도 (   ) 자전거를 타러 공원에 자주 가요.

① 풀 겸

② 쓸 겸

③ 바꿀 겸

④ 마실 겸

27 ① 며칠 밤을 <u>새웠더니</u> 피곤하네요.

② 식당에 <u>갔더니</u> 사람들이 너무 많네요.

③ 운동을 <u>했더니</u> 스트레스가 확 풀리네요.

④ 어제는 눈이 <u>왔더니</u> 오늘은 하늘이 맑네요.

28 ① 이력서는 미리 <u>써 놓는 게</u> 좋아요.

② 늦게 <u>일어나자마자</u> 회사에 지각했어요.

③ 새로운 회사에 <u>들어가기 위해서</u> 준비하고 있어요.

④ 아무리 식욕이 <u>없어도</u> 잘 먹어야 금방 나을 수 있어요.

29

오랜만에 만난 고향 친구와 함께 맛집으로 유명한 식당에 갔습니다. 식당 안은 손님이 많아서 (㉠). 점심시간이 지났지만 여전히 많은 사람이 길게 줄을 서서 기다리고 있었습니다. 그래서 우리도 줄을 서서 기다렸습니다. 40분 정도 기다린 다음에야 식당 안으로 들어갈 수 있었습니다.

① 식사를 했습니다
② 주문을 했습니다
③ 안에 들어갔습니다
④ 자리가 없었습니다

30

저는 두 달 전 한국에 왔지만 너무 바빠서 외국인등록증을 신청하지 못했습니다. 그래서 오늘 시간을 내서 외국인등록증을 신청하러 (㉠)에 갔습니다. 신청서를 작성한 후 여권과 사진을 제출했습니다. 외국인등록증은 신청 후 2주가 지나야 받을 수 있다고 합니다.

① 여권등록과
② 행정복지센터
③ 종합사회복지관
④ 출입국 · 외국인청

31

한국의 대표적인 명절 중 설날은 음력 1월 1일이며, 보통 설날 아침에 가족과 친척이 모두 모여 차례를 지내고 윗사람에게 (　　㉠　　). 윗사람은 아랫사람에게 덕담도 해 주고 세뱃돈도 준다. 그리고 건강과 장수를 빌며 떡국을 먹는다. 설날에 떡국을 먹으면 나이를 한 살 더 먹는다는 의미가 있다.

① 세배를 한다
② 효도를 한다
③ 제사를 지낸다
④ 떡국을 끓인다

32

지금 사는 집은 주변이 시끄럽고 지하철역도 멀어서 새로 이사 갈 집을 구하고 있었습니다. 그런데 마침 부동산 중개인에게 집을 하나 소개받았는데, 그 집은 주변이 한적하고 근처에 마트와 편의점, 공원도 있으며 지하철역도 가깝습니다. (　　㉠　　) 가까운 거리에 편의 시설이 많아서 그 집이 마음에 듭니다.

① 조용한 데다가
② 교통이 편리하지만
③ 부동산 중개인이 친절하고
④ 지금 사는 집의 계약 기간이 얼마 남지 않아서

전자 제품은 구입 후 보증서와 함께 보관하는 것이 중요하다. 보증서에는 모델명, 보증 기간, 구입 일자 등이 적혀 있다. 그중 특히 (㉠   )을 잘 살펴봐야 하는데 이는 제품 판매자가 소비자에게 무료로 수리를 약속하는 기간을 말한다. 이는 제품마다 다르기 때문에 전자 제품을 구입하면 가장 먼저 꼼꼼히 살펴봐야 한다.

33 ㉠이 가리키는 것은?

① 계약 기간
② 연장 기간
③ 제품 보증 기간
④ 출장 서비스 기간

34 윗글의 내용과 같은 것은?

① 전자 제품 구매 후 구입 일자만 알고 있으면 된다.
② 무료로 수리가 가능한 기간은 모든 제품이 동일하다.
③ 전자 제품의 보증서만 있으면 무조건 수리가 가능하다.
④ 전자 제품을 구입하면 보증서를 잘 가지고 있어야 한다.

35 다음 글의 내용과 같은 것은?

> 휴일에 약이 필요하면 '휴일 지킴이 약국'을 찾으면 된다. '휴일 지킴이 약국'은 사람들이 필요한 약을 구입할 수 있도록 주말과 휴일에도 문을 연다. '휴일 지킴이 약국'의 정보는 누리집에서 찾을 수 있으며, 이곳에서 필요한 약 정보도 확인할 수 있다.

① 휴일 지킴이 약국은 휴일에만 문을 연다.
② 휴일 지킴이 약국에서 약 정보도 확인할 수 있다.
③ 약을 구입하고자 하는 경우 평일에 약국을 찾으면 된다.
④ 누리집에 있는 약국에서는 휴일에도 약을 구입할 수 있다.

36 다음 글의 내용과 같은 것은?

> 저는 요리하는 것을 좋아합니다. 특히 한국 음식을 잘 만듭니다. 어제는 친구들에게 된장찌개를 만들어 주었습니다. 친구들이 맛있다고 칭찬해 주었습니다. 내일은 김장을 해 보려고 합니다. 김치는 좋은 배추를 골라야 맛있다고 합니다. 오늘 시장에 가는데 좋은 배추가 있었으면 좋겠습니다.

① 저는 요리사가 되고 싶습니다.
② 내일 시장에서 배추를 살 겁니다.
③ 저는 김치를 맛있게 만들었습니다.
④ 친구들이 제가 만든 된장찌개가 맛있다고 했습니다.

37 다음 글의 중심 내용으로 알맞은 것은?

> 한국소비자원은 소비자 피해를 구제하기 위한 정부 산하 기관이다. 소비자의 고충을 들어주고 피해를 구제받을 수 있도록 도와주는 일을 한다. 그리고 소비자 문제의 원인을 밝히기 위해 실태 조사 · 사례 분석 · 대안 평가를 실시하여 적절한 개선 방안을 관계 기관에 건의하기도 한다.

① 한국소비자원은 국세청 산하 기관이다.
② 소비자 피해단체는 한국소비자원뿐이다.
③ 한국소비자원은 소비자의 권리와 이익을 지키는 기능을 한다.
④ 한국소비자원은 정부에 소비자 피해를 건의할 수 있는 곳이다.

38 다음 글의 제목으로 알맞은 것은?

> 플라스틱은 저렴하면서도 가벼워서 일회용 제품으로 널리 사용되고 있다. 하지만 플라스틱은 한 번 쓰고 나면 버려지고, 버려진 플라스틱 쓰레기는 대부분 바다로 유입되어 환경을 파괴한다. 그래서 플라스틱을 포함한 일회용 제품 사용을 줄이기 위해 전 세계가 노력하고 있다. 이러한 환경오염을 줄이기 위해서는 비닐봉지 사용 줄이기, 배달 음식 줄이기, 텀블러 사용하기 등 국가보다 일상생활 속 개인의 노력이 더 중요하다.

① 기후가 변화하는 이유
② 환경을 파괴하는 재활용
③ 플라스틱이 생산되는 과정
④ 환경오염을 줄이기 위한 노력

39 추석에 가족들과 같이 먹는 음식은?

① 송편

② 팥죽

③ 떡국

④ 비빔밥

40 부모와 자녀 간의 촌수는?

① 무촌

② 일촌

③ 이촌

④ 삼촌

41 대중교통 이용을 권장하기 위해 시행하는 제도는?

① 대리운전 제도

② 심야할인 제도

③ 버스전용차로 제도

④ 혼잡통행료 징수 제도

42 국민의 4대 의무로 옳지 <u>않은</u> 것은?

① 납세의 의무

② 도덕의 의무

③ 근로의 의무

④ 국방의 의무

43 설날에 새 옷이나 신발을 사서 아이들에게 입히는 것은?

① 설빔

② 차례

③ 세배

④ 윷놀이

44 과거 농촌에서 두레나 품앗이처럼 서로 의지하고 돕는 풍습은?

① 효

② 향우회

③ 동문회

④ 상부상조

45 한국 음식에 대한 설명으로 맞지 <u>않는</u> 것은?

① 명절인 단오에는 떡국을 먹는다.

② 한국 음식은 기본적으로 밥, 국, 반찬으로 구성된다.

③ 11월 말에서 12월 초에 많은 양의 김치 담그는 것을 김장이라고 한다.

④ 된장, 간장, 고추장, 젓갈류 등과 같은 발효 음식을 반찬으로 많이 먹는다.

46 민주주의에 대한 설명으로 맞지 <u>않는</u> 것은?

① 대한민국은 민주공화국이다.

② 대한민국의 주권은 국민에게 있다.

③ 민주주의는 인간의 존엄성 실현을 목표로 한다.

④ 대한민국의 모든 권력은 대통령으로부터 나온다.

47 다음 글의 ㉠과 ㉡에 들어갈 말로 알맞은 것은?

직장인들이라면 누구나 기다리는 날이 있다. 바로 급여일이다. 한국의 직장인은 한 달에 한 번 은행 계좌를 통해 (㉠   )을 받는다. (㉠   )에는 크게 기본급과 (㉡   )이 있다. 기본급은 일을 하고 받는 기본적인 돈이고, (㉡   )은 정해진 돈 외에 추가적으로 받는 돈이다.

	㉠	㉡
①	월급	수당
②	일당	세금
③	주급	수당
④	연봉	세금

48 다음 글의 내용과 <u>다른</u> 것은?

지구 온난화는 지구의 기온이 높아지는 현상을 말한다. 이러한 지구 온난화 현상으로 세계 곳곳에서 이상 기후가 나타나고 있다. 몇 년 전, 미국에서는 여름 기온이 최고 50℃까지 오르고 폭우가 내려 수십만 명의 이재민이 발생했다. 또한 유럽 일부 국가에서는 겨울에 폭설과 한파로 기온이 영하 30℃까지 내려갔으며, 거대한 숲을 가진 아마존에는 가뭄이 찾아와 물고기가 떼죽음을 당하기도 했다. 전문가들은 이와 같은 현상이 모두 환경오염의 영향이라고 말한다. 만약 환경오염이 점차 심각해지고, 지구의 기온이 계속 높아진다면 더 이상 인류는 지구에서 생존할 수 없을 것이다.

① 지구 온난화로 큰 피해를 입은 사람들이 발생했다.
② 지구 곳곳에 폭우, 폭설과 한파, 가뭄 등 이상 기후 현상이 나타났다.
③ 지구 온난화로 가뭄이 찾아와 아마존에는 더 이상 어떤 생명도 살 수 없다.
④ 심각한 환경오염의 영향으로 지구 온난화와 이상 기후 현상이 나타나고 있다.

다음을 읽고 (   )에 가장 알맞은 것을 쓰시오.

49

가: 이 책상은 좀 오래돼서 이제 바꿔야겠어요.

나: 책상이요? 오래됐지만 아직 튼튼해서 (   ).

50

가: 어제 저녁에 잘 갔어요? 전화를 했는데 안 받아서 걱정했어요.

나: 미안해요. 너무 피곤해서 집에 (   ) 잤어요.

가: 괜찮아요. 집에 잘 들어가서 다행이에요.

01-02

　　한국에서는 대중교통을 이용할 때 공공 예절을 매우 중요하게 생각한다. 대중교통 이용 시 지켜야 할 공공 예절이 몇 가지 있는데, 우선 '줄 서기'가 있다. 승차 시에는 질서를 지켜 줄을 서야 한다. 먼저 내리는 사람이 우선이므로, 승객이 모두 내린 후에 승차해야 한다. 그리고 교통 약자석은 노약자, 임산부, 장애인, 어린이에게 양보해야 한다. 또한 대중교통 내에서는 통화나 대화는 조용히 해야 하고, 음악 감상이나 영상 시청 시에는 이어폰을 사용해야 한다. 공공 예절을 잘 지킨다면 모두가 더욱 쾌적하고 안전하게 대중교통을 이용할 수 있을 것이다.

01　위의 글을 소리 내어 읽어 보세요.

02　1) 한국의 대중교통을 이용할 때는 어떻게 해야 하나요?

　　　2) 교통 약자석에는 누가 앉을 수 있나요?

03　1) _____ 씨가 알고 있는 한국의 공공 예절에는 또 어떤 것이 있는지 말해 보세요.

　　　2) _____ 씨 고향에서 지켜야 하는 공공 예절에는 무엇이 있는지 말해 보세요.

04　수도권에는 유명한 명소와 축제가 많이 있습니다.

　　　1) 수도권의 명소 중 가 본 곳이 있으면 어떤 곳인지 소개해 보세요.

　　　2) 수도권의 축제에 참여해 본 적이 있거나 알고 있는 축제를 소개해 보세요.

05　환경오염에는 어떤 종류가 있는지 말하고, 환경오염의 해결 방법을 말해 보세요.

시험 시간: 60분(객관식 + 주관식) | 정답 및 해설 p.203

01~02 다음 질문에 답하시오.

01 이 사람은 지금 뭐 해요?

① 등산해요.

② 수영해요.

③ 노래해요.

④ 빨래해요.

02 다음 (   )에 들어갈 말로 알맞은 것은?

> 공원(   ) 친구를 만나요.

① 에

② 를

③ 에서

④ 하고

03-04 다음 〈보기〉를 참고하여 밑줄 친 부분과 의미가 반대인 것을 고르시오.

보기

가: 방에 컴퓨터가 <u>있어요</u>?

나: 아니요, (   ).

① 많아요   ② 적어요   ③ 바빠요   ❹ 없어요

03

가: 미나 씨, 가방이 <u>무거워요</u>?

나: 아니요, (   ).

① 더러워요

② 불편해요

③ 가벼워요

④ 창피해요

04

가: 은행에 돈을 <u>입금하러</u> 가요?

나: 아니요, 돈을 (   ) 가요.

① 넣으러

② 보내러

③ 바꾸러

④ 찾으러

05-06 다음 (   )에 들어갈 가장 알맞은 것을 고르시오.

05

오후에는 (   )에서 공부를 해요.

① 편의점
② 찜질방
③ 여행사
④ 도서관

06

식사할 때는 편식하지 말고 음식을 (   ) 먹어야 해요.

① 충분히
② 꾸준히
③ 골고루
④ 편하게

07

가: 혹시 오늘 오후에 <u>시간이 있어요</u>?
나: 아니요, 오늘 오후에는 좀 (   ).

① 아파요

② 고파요

③ 바빠요

④ 나빠요

08

가: 문제를 푸는 데 시간이 <u>충분했어요</u>?
나: 아니요, 시간이 (   ).

① 부족했어요

② 어려웠어요

③ 나빠졌어요

④ 즐거웠어요

09

> 아이가 태어나면 구청이나 행정복지센터에 가서 ( )를 해야 해요.

① 전입 신고

② 출생 신고

③ 사망 신고

④ 혼인 신고

10

> 공항이나 호텔에 ( ) 외국어를 잘해야 돼요.

① 취소하려면

② 입학하려면

③ 취업하려면

④ 초대하려면

11

비빔국수가 완성되면 그릇에 국수를 (   ), 삶은 계란은 반으로
잘라 국수 위에 올리세요.

① 담고
② 썰고
③ 볶고
④ 찌고

12

통장에 돈이 얼마 안 남았네요. 낭비하지 말고 (   )해야겠어요.

① 계산
② 수입
③ 할인
④ 절약

보기

가: 정원이 진짜 <u>예쁘네요</u>.

나: 네, 어머니께서 정원을 (   ) 만드셨어요.

① 귀엽게   ② 더럽게   ❸ 아름답게   ④ 맛있게

13

가: 수업 시간을 무슨 요일로 <u>바꿨어요</u>?

나: 월요일에서 목요일로 (   ).

① 취소했어요

② 교환했어요

③ 변경했어요

④ 환불했어요

14

가: 결혼을 하지 않는 사람들이 점점 <u>늘어나는</u> 것 같아요.

나: 네, 혼자 사는 사람들이 늘면서 소포장된 식품의 판매량도 (   )
있다고 해요.

① 증가하고

② 감소하고

③ 선호하고

④ 적어지고

다음 대화의 (   )에 들어갈 가장 알맞은 것을 고르시오.

15

가: 빨래를 하고 나서 무엇을 할 거예요?

나: 장도 (   ) 요리도 할 거예요.

① 보면

② 보고

③ 보지만

④ 보니까

16

가: 내일 모임에 (   )?

나: 아니요, 내일 약속이 있어서 못 가요.

① 왔지요

② 왔어요

③ 올 수 있어요

④ 온 적 있어요

17

가: 사진 속의 아이는 누구예요?

나: 저하고 제일 (   ) 친구의 딸이에요.

① 친한

② 친하고

③ 친해서

④ 친하니까

18

가: 회사에 무슨 문제 있어요?

나: 일이 많아서 (   ) 일할 사람이 부족해요.

① 바쁜데

② 바쁘니까

③ 바쁠까 봐

④ 바쁘더라도

19

가: 왜 어제 회사에 출근 안 했어요?

나: 아파서 병원에 다녀왔어요. 의사 선생님께서 약을 먹고 푹 (   )
하셨어요.

① 쉬다가
② 쉬라고
③ 쉬냐고
④ 쉬면서

20

가: 불꽃 축제는 언제 하나요?

나: 내일 저녁 9시부터 (   ).

① 시작했나요
② 시작한 거예요
③ 시작하고 있어요
④ 시작한다고 해요

21

가: 내일 비가 와도 행사를 진행하나요?

나: 네, 미리 (   ) 행사는 진행될 예정입니다.

① 알려드려도

② 알려드려서

③ 알려드렸다시피

④ 알려드리더라도

22

가: 수지 씨가 그렇게 한국말을 잘한다면서요?

나: 네, 한국 사람이라고 해도 (   ) 한국말을 잘해요.

① 믿는 수밖에

② 믿는 것보다

③ 믿을 정도로

④ 믿을 수조차

다음 밑줄 친 부분이 **틀린** 것을 고르시오.

23　① 겨울 날씨치고 <u>따뜻한 편이네요</u>.

　　　② 저는 학교에서 영어를 <u>가리켰어요</u>.

　　　③ 짐이 많아서 그런데 좀 <u>도와주실래요</u>?

　　　④ 집 근처에 둘레길이 있어서 <u>산책하기에</u> 좋아요.

24　① 지금은 <u>바쁘느라고</u> 다음에 통화해요.

　　　② 엄마한테 <u>혼날까 봐</u> 숙제를 먼저 했어요.

　　　③ 지난주부터 <u>기다리던</u> 택배가 도착했어요.

　　　④ 어려운 일이 <u>생기면</u> 언제라도 연락하세요.

25

가: 음식 솜씨가 정말 좋네요.

나: (　　　　　). 그냥 다른 사람들이 하는 정도죠.

① 좋아요

② 좋기는요

③ 좋다고 해요

④ 좋을 수밖에 없어요

26

가: 지금 나오는 노래 제목을 아세요?

나: 제가 학교에 다닐 때 자주 (　　　　　) 노래인데 기억이 잘 안 나네요.

① 듣더니

② 들었던

③ 들었다가

④ 들은 나머지

다음 밑줄 친 부분이 틀린 것을 고르시오.

27 ① 친구가 같이 쇼핑을 <u>하자고 했어요</u>.

② 사장님께서 문자를 <u>보냈다고 물어봤어요</u>.

③ 퇴근 시간에는 길이 많이 <u>막히기 마련이에요</u>.

④ 머리가 너무 아파서 조퇴를 <u>할 수밖에 없었어요</u>.

28 ① 한국어는 <u>배우니까</u> 점점 어려워져요.

② 저는 한국에 <u>온 지</u> 이제 1년 조금 넘었어요.

③ 비행기가 <u>안개로 인해</u> 도착이 늦어졌습니다.

④ 지수는 <u>학교뿐만 아니라</u> 집에서도 장난꾸러기예요.

29-32 다음을 읽고 ㉠에 가장 알맞은 것을 고르시오.

29

저는 보통 월요일부터 금요일까지 일을 합니다. 오전 9시부터 8시간 일을 합니다. 그런데 일이 많으면 (㉠). 그리고 토요일에도 일을 합니다.

① 주로 쉽니다
② 퇴근을 합니다
③ 출근을 안 합니다
④ 밤에도 일을 합니다

30

병원은 언제 가는 것이 좋을까요? 병원은 오후에 가는 것이 좋습니다. 오전에는 사람이 많고 (㉠) 때문입니다. 특히 월요일 오전은 병원에 사람이 가장 많습니다. 가능하면 월요일 오전은 피해서 가는 것이 좋습니다.

① 필요하기
② 기대하기
③ 유명하기
④ 복잡하기

31

한국의 고유 문자인 한글은 한글 맞춤법에 따라 14개의 자음과 10개의 모음으로 이루어져 있다. 한글은 글자마다 각각 다른 소리를 가지며, 자음과 모음이 결합된 형태로 쓰인다. 그리고 (㉠   ) 쓴다.

① 앞에서 뒤로
② 아래에서 위로
③ 왼쪽에서 오른쪽으로
④ 오른쪽에서 왼쪽으로

32

동대문시장은 서울에 있는 큰 시장이다. 그리고 외국인들에게도 많이 알려져 있다. 여러 가지 물건이 많은데 특히 다양한 옷과 액세서리가 (㉠   ) 유명하다. 동대문시장은 늦은 오후부터 다음날 새벽까지 문을 열기 때문에 밤에도 쇼핑을 할 수 있다.

① 받기로
② 많기로
③ 가지기로
④ 설명하기로

　　예전에는 다른 사람에게 소식을 전하기 위해 직접 손으로 편지를 쓰거나 전화를 걸어야 했다. 그러나 최근 정보통신기술이 발달하면서 소식을 전하는 방법도 다양해졌다. 요즘 사람들은 스마트폰으로 이메일과 문자 메시지보다 페이스북과 인스타그램 등 (　　㉠　　)에서 상대방과 문자, 사진, 영상 등을 주고받으며 서로의 소식을 전한다.

33　㉠이 가리키는 것은?

① 동영상

② 홈페이지

③ 전화번호

④ 에스엔에스(SNS)

34　윗글의 내용과 같은 것은?

① 손으로 직접 편지를 쓰는 것이 좋다.

② 전화와 손 편지는 돈이 거의 들지 않는다.

③ 요즘은 이메일과 문자 메시지를 거의 사용하지 않는다.

④ 정보통신기술의 발달로 소식을 주고받을 수 있는 방법이 많아졌다.

35 다음 글의 내용과 같은 것은?

사람들이 사는 곳에서는 크고 작은 갈등과 다툼이 생기기 마련입니다. 서로 갈등을 잘 해결하면 좋겠지만 때로는 법적으로 문제를 해결해야 할 때도 있습니다. 법적으로 문제를 해결한다는 것은 재판으로 해결한다는 뜻인데 재판에는 민사 재판, 형사 재판, 가사 재판 등이 있습니다. 그러나 재판은 시간도 오래 걸리고, 서로를 힘들게 하기 때문에 갈등이 생겼을 때 법적으로 해결하기보다 서로 잘 협의하는 것이 중요합니다.

① 갈등이 생겼을 때 법적으로 문제를 해결하면 됩니다.
② 사람들이 사는 곳에는 크고 작은 문제가 생길 수 있습니다.
③ 재판으로 문제를 해결하는 것이 갈등을 줄이는 가장 좋은 방법입니다.
④ 갈등보다는 타협과 협의가 좋지만 가능한 한 법적으로 해결하는 게 좋습니다.

36 다음 글의 내용과 같은 것은?

국민연금이란 소득이 있을 때 매달 보험료를 납부하고, 나이가 들거나 장애 등으로 소득이 중단되었을 때 급여를 받는 한국의 대표적인 사회 보장 제도 중 하나다. 한국에서는 60세 미만으로서 소득이 있는 사람은 의무적으로 국민연금에 가입해야 한다. 가입할 수 없는 나라를 제외하고, 한국에 거주하고 있는 외국인도 한국인과 동등하게 국민연금에 가입해야 한다.

① 모든 외국인은 한국인과 동등하게 국민연금 가입 대상이 된다.
② 60세라도 소득이 있는 사람은 의무적으로 국민연금에 가입해야 한다.
③ 생활이 어려운 국민의 최저 생활을 보장하기 위해 지원하는 제도이다.
④ 나이가 들어 일을 할 수 없게 되는 경우를 대비하여 매달 보험료를 낸다.

37 다음 글의 중심 내용으로 알맞은 것은?

> 저는 제가 맡은 일을 아주 중요하게 생각합니다. 그래서 일을 할 때 여러 번 확인하여 실수나 빈틈이 거의 없습니다. 또 제가 중요하다고 생각하는 일에는 단계적인 목표를 세우고 그 목표를 하나씩 이루어 냅니다. 그리고 저는 어려운 사람들을 보면 도움을 주고 싶은 마음이 듭니다. 그래서 어려움에 처한 사람들을 보면 그냥 지나치기보다 제가 도울 수 있는 것을 하려고 합니다.

① 책임감이 강하고 동정심이 많다.
② 계획적이고 냉정한 성격을 갖고 있다.
③ 책임감이 강하지만 꼼꼼한 편은 아니다.
④ 계획을 잘 세운 다음 남에게 도움을 청한다.

38 다음 글의 제목으로 알맞은 것은?

> 집을 구할 때는 꼼꼼하게 확인해야 하는 것들이 있다. 가장 먼저 확인해야 할 점은 이사 갈 집의 주변을 살펴보는 것이다. 예를 들어 집 주변에 편의 시설이 있는지, 교통은 편리한지, 혼자 다녀도 안전한지 등을 확인해야 한다. 그리고 집 내부에는 해가 잘 들어오는지, 소음은 없는지, 냉·난방이 잘 되는지, 고장 난 시설(문, 창문, 싱크대, 세면대, 변기 등)은 없는지도 꼼꼼하게 살펴봐야 한다.

① 계약할 때 주의 사항
② 집 주변의 편의 시설
③ 이사 갈 집의 크기와 위치
④ 집을 구할 때의 확인 사항

39-46 다음 질문에 답하시오.

39 과거 통일 신라의 수도로, 많은 문화재와 유적이 있는 도시는?

① 서울

② 부산

③ 경주

④ 전주

40 부모님 은혜에 감사하는 날은?

① 어머니날

② 어버이날

③ 부부의 날

④ 성년의 날

41 한국 고등학교의 교육 기간은?

① 2년

② 3년

③ 4년

④ 5년

42 24절기 중 동지에 먹는 음식은?

① 떡국

② 부럼

③ 송편

④ 팥죽

43 1945년에 대한민국이 일본으로부터 해방된 것을 기념하고, 대한민국 정부수립을 경축하는 날은?

① 삼일절

② 광복절

③ 제헌절

④ 개천절

44 약국 외에도 해열제, 진통제, 소화제, 파스 등을 살 수 있는 곳은?

① 시장

② 서점

③ 편의점

④ 보건소

45 이웃사촌에 대한 설명으로 맞지 <u>않는</u> 것은?

① 한국 사람들은 예로부터 이웃을 소중하게 생각했다.

② 이웃사촌은 거리가 가까운 곳에 사는 사람이라는 뜻이다.

③ 요즘에도 예전과 비슷하게 친밀한 이웃 관계를 유지하고 있다.

④ 농경 생활 중 서로 돕고 지내다 보니 가까운 친척만큼 친한 사이가 되었다.

46 교육열에 대한 설명으로 맞지 <u>않는</u> 것은?

① 높은 교육열로 많은 인재를 양성할 수 있었다.

② 대표적인 사교육 유형으로 학원, 과외 등이 있다.

③ 한국 학생의 대학 진학률은 OECD 회원국 중에서 가장 낮다.

④ 한국 학부모는 자녀의 사교육비로 매달 많은 돈을 지출하고 있다.

47 다음 글의 ㉠과 ㉡에 들어갈 말로 알맞은 것은?

> 선거는 민주주의를 유지하고 발전시키는 가장 중요한 요소 중 하나다. 민주주의에서는 중앙 정부나 지방 정부의 모든 권력이 (㉠   )(으)로부터 나온다고 믿는다. 선거는 바로 이러한 권력과 관련하여 자신의 의사를 대신할 사람을 뽑는 행위이다. 한국에서는 크게 대통령을 뽑는 선거, (㉡   )을 뽑는 선거, 지방자치 단체장과 지방의회 의원을 뽑는 선거가 있다.

	㉠	㉡
①	주민	시장
②	정부	구청장
③	국민	국회의원
④	대통령	서울시장

48 다음 글의 내용과 <u>다른</u> 것은?

> 봄에는 미세 먼지, 여름에는 폭염과 호우, 겨울에는 한파와 폭설 등 각종 재난 상황이 발생했을 때 정부는 모든 국민에게 재난을 알리는 문자를 보낸다. 또 지진이나 해일과 같은 재난 발생 시 신속한 대피를 위해 휴대 전화로 긴급 재난 문자도 보낸다. 이는 행정안전부에서 이동통신사로 보내는 것이다. 안전 안내 문자와 긴급 재난 문자는 사용자의 휴대 전화 설정에서 수신 및 거부가 가능하다.

① 재난에는 폭염, 한파, 폭설, 지진 등이 있다.
② 국민의 안전을 위해 국방부에서 재난 안내 문자를 보낸다.
③ 재난에 신속하게 대피할 수 있도록 휴대 전화로 문자를 보낸다.
④ 안전 안내 및 긴급 재난 문자는 휴대 전화에서 수신 또는 거부를 설정할 수 있다.

다음을 읽고 (   )에 들어갈 가장 알맞은 것을 쓰시오.

49

도서관, 박물관, 병원, 지하철역과 같이 여러 사람이 함께 사용하는 장소를 (   )(이)라고 한다. 이곳에서는 큰 소리로 떠들거나 아무 데나 휴지를 버리는 등 다른 사람에게 피해를 주는 행동을 하지 않도록 해야 한다.

50

가: 마트 멤버십 카드 하나 만드세요.

나: 멤버십 카드를 (   ) 무슨 혜택이 있나요?

가: 구매 금액의 2%를 적립해 드려요.

01-02

　한국인이 사회에서 친목을 도모하기 위하여 참석하는 대표적인 모임에는 '동창회'와 '동호회'가 있다. 동창회는 같은 학교를 졸업한 사람들이 모여 친목을 도모하고 모교와 연락하기 위하여 만들어진 모임이다. 그리고 등산, 악기 연주, 스포츠 등 같은 취미를 가지고 이를 함께 즐기는 사람들의 모임을 동호회라고 한다. 동호회는 보통 학교, 지역, 직장, 인터넷 커뮤니티를 중심으로 만들어진다. 동호회에서는 새로운 사람들을 사귀며 서로의 취미를 공유하는 것은 물론이고, 다양한 정보를 수집하기도 한다.

01　위의 글을 소리 내어 읽어 보세요.

02　1) 동창회는 어떤 모임이에요?

　　　2) 동호회에 가입하면 어떤 점이 좋아요?

03　1) ＿＿＿＿＿ 씨는 한국에서 어떤 동호회에 가입하고 싶은지 말해 보세요.

　　　2) ＿＿＿＿＿ 씨의 고향에는 어떤 모임이 있는지 말해 보세요.

04　1) 대한민국 불교와 유교 문화유산에는 어떤 것이 있는지 말해 보세요.

　　　2) ＿＿＿＿＿ 씨의 고향에는 어떤 문화유산이 있는지 말해 보세요.

05　1) 한국에는 어떤 대중문화가 있는지 말해 보세요.

　　　2) 한국의 '방' 문화를 아시나요? 어떤 방 문화가 있는지 말해 보세요.

⏱ 시험 시간: 60분(객관식 + 주관식) | 📝 정답 및 해설 p.219

01-02 다음 질문에 답하시오.

01 이 사람은 지금 뭐 해요?

① 옷을 사요.
② 청소를 해요.
③ 친구를 만나요.
④ 텔레비전을 봐요.

02 다음 (　　　)에 들어갈 말로 알맞은 것은?

회사에 출근할 때 지하철(　　　　　) 타고 가요.

① 을
② 에
③ 로
④ 은

03-04 다음 〈보기〉를 참고하여 밑줄 친 부분과 의미가 <u>반대인</u> 것을 고르시오.

가: 방에 컴퓨터가 <u>있어요</u>?

나: 아니요, (   ).

① 많아요   ② 적어요   ③ 바빠요   ❹ 없어요

03

가: 집이 <u>가까워요</u>?

나: 아니요, (   ).

① 좋아요

② 좁아요

③ 길어요

④ 멀어요

04

가: 마트에 사람이 <u>많아요</u>?

나: 아니요, 마트에 사람이 (   ).

① 작아요

② 적어요

③ 있어요

④ 나빠요

다음 대화의 (   )에 들어갈 가장 알맞은 것을 고르시오.

05

가: 아침부터 계속 이가 아파요.
나: (   )에 가는 것이 좋겠어요.

① 치과
② 내과
③ 정형외과
④ 이비인후과

06

가: 이번 토요일에 아이 돌잔치를 할 거예요.
나: 어머, 아이가 (   ) 돌이에요?

① 이미
② 거의
③ 벌써
④ 아직

07

가: 마스크를 <u>벗을까요</u>?

나: 아니에요. (   ) 계세요.

① 들고

② 쓰고

③ 입고

④ 빼고

08

가: 저는 이번 시험이 지난번보다 <u>쉬웠어요</u>.

나: 그래요? 저는 이번 시험이 (   ).

① 긴장했어요

② 걱정했어요

③ 불편했어요

④ 어려웠어요

다음 (   )에 들어갈 가장 알맞은 것을 고르시오.

09

> 외식을 자주 해서 이번 달은 (   )가 많이 나왔어요.

① 식비
② 교통비
③ 생활비
④ 경조사비

10

> 병원에 (   ) 동안 술을 마시거나 담배를 피우면 안 됩니다.

① 등록하는
② 갱신하는
③ 신청하는
④ 입원하는

11

저는 평소에 물건을 살 때 현금보다는 카드로 (　　　　　).

① 메모해요

② 차지해요

③ 작성해요

④ 결제해요

12

한국 문화가 익숙하지 않아 가끔 (　　　　　)를 해요.

① 인사

② 무리

③ 실수

④ 놀이

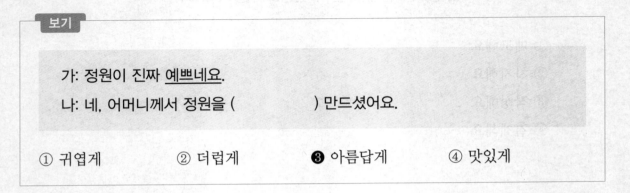

보기

가: 정원이 진짜 <u>예쁘네요</u>.
나: 네, 어머니께서 정원을 (   ) 만드셨어요.

① 귀엽게   ② 더럽게   ❸ 아름답게   ④ 맛있게

13

가: 인터넷을 신청하고 싶은데, 좀 <u>저렴하게</u> 가입할 수 있을까요?
나: 홈페이지에서 직접 신청하면 좀 더 (   ) 가입할 수 있어요.

① 쉽게
② 싸게
③ 빠르게
④ 비싸게

14

가: 어머! 텃밭이 너무 예뻐요! 직접 <u>가꾸셨어요</u>?
나: 할머니께서 만든 텃밭인데 가족들이 먹을 채소를 직접 (   ).

① 키우세요
② 열리세요
③ 바꾸세요
④ 요리하세요

다음 대화의 (   )에 들어갈 가장 알맞은 것을 고르시오.

15

> 가: 저녁에 뭐 할 거예요?
>
> 나: 백화점에서 쇼핑을 (   ) 집에서 책을 읽을 거예요.

① 해서

② 하러

③ 하려면

④ 하거나

16

> 가: 우산 같이 (   )?
>
> 나: 네, 고마워요.

① 쓰세요

② 썼어요

③ 쓸까요

④ 썼네요

17

가: 내일이 민수 씨 생일이지요? 제가 케이크를 사올까요?

나: 케이크는 제가 가져올 거니까 지웅 씨는 음료수를 (   ).

① 준비하지 못해요

② 준비할 수 있어요

③ 준비할 것 같아요

④ 준비하면 좋겠어요

18

가: 요즘 한국 날씨는 어때요?

나: 너무 추워요. 오늘 밤에도 눈이 (   ).

① 올게요

② 와 보세요

③ 오면 돼요

④ 올 것 같아요

19

가: 메이 씨는 제주도에 (   )?

나: 네, 지난여름에 다녀왔어요.

① 갈래요

② 가도 돼요

③ 간 적이 있어요

④ 가기 때문이에요

20

가: 한국어를 잘하고 싶은데 어떻게 해야 돼요?

나: 한국어를 (   ) 한국 사람들과 이야기를 많이 하세요.

① 잘하는데

② 잘하려면

③ 잘하느라고

④ 잘하기 때문에

21

가: 토요일에 봤던 공연은 어땠어요?

나: 기대를 많이 했었는데 (　　　　　　) 재미있지 않았어요.

① 기대만큼

② 기대까지

③ 기대조차

④ 기대밖에

22

가: 왜 건물 입구가 막혀 있어요?

나: 바닥 공사 때문에 입구를 (　　　　　　).

① 막냐고 했어요

② 막을지도 몰라요

③ 막는 줄 알았어요

④ 막을 수밖에 없었어요

23   ① 다음 학기에 유학을 <u>가는다고</u> 해요.

② 지난번에 <u>갔던</u> 곳과 분위기가 비슷해요.

③ 여동생을 마중하러 공항에 <u>가는</u> 길이에요.

④ 대학 때 자주 <u>가곤 했는데</u>, 지금도 손님이 많아요?

24   ① 교실에 사람이 <u>많은가요</u>?

② 주방과 거실이 <u>넓으면 돼요</u>.

③ 이 정도 가격이면 <u>살 만해요</u>.

④ 요즘 일이 많아서 야근을 <u>하는 편이에요</u>.

25

가: 2050년에는 인공지능(AI)이 인간의 능력을 뛰어넘게 될 거라면서요?

나: 인공지능의 능력뿐만 아니라 인간보다 로봇이 (　　　　　) 전망합니다.

① 많을수록

② 많고 해서

③ 많아진다고

④ 많을 테니까

26

가: 김치찌개를 처음 만들어 봤어요. 맛이 어때요?

나: 아주 맛있지는 않지만 (　　　　　).

① 먹었어요

② 먹을 만해요

③ 먹어 봤어요

④ 먹을 거예요

27 ① 수업이 끝나면 친구를 <u>만나기로 했어요</u>.

② 하늘이 <u>흐려지더니</u> 비가 내리기 시작했어요.

③ 친구가 만들어서 준 선물을 <u>잃어버리고 말았어요</u>.

④ 한국 요리를 어디에서 <u>배워지는지</u> 알아보고 있어요.

28 ① 라민 씨가 오늘 많이 <u>긴장했나 봐요</u>.

② 휴대폰이 오래됐지만 아직 <u>쓸 만해요</u>.

③ 부모님이 걱정하실까 봐 <u>잘 지내는지 몰라요</u>.

④ 물건을 사기 전에 가격 비교를 먼저 <u>하는 게 좋아요</u>.

29

저는 감기에 걸렸습니다. 열이 많이 나고 목이 아팠습니다. 그래서 선생님께 연락을 드리고 (㉠   ). 감기약을 먹고 물을 많이 마셨습니다. 그리고 푹 쉬었습니다.

① 병원을 쉬었습니다
② 학교에 안 갔습니다
③ 학교에서 시험을 봤습니다
④ 의사 선생님이 있었습니다

30

1993년부터 모든 금융 거래를 실제 본인의 이름으로 하는 금융실명제를 실시하고 있다. 그래서 자신의 계좌를 다른 사람에게 빌려주거나 다른 사람의 이름을 빌려서 계좌를 만들면 (㉠   ).

① 취소가 된다
② 처벌을 받게 된다
③ 신분증이 필요하다
④ 은행에 방문해야 한다

31

물건을 사고 난 후에 교환이나 환불을 할 때가 있습니다. 보통 물건을 구매한 지 일주일 이내에는 교환이나 환불이 (㉠). 그러나 일주일이 지난 후에는 교환이나 환불이 어렵습니다. 또한 영수증이 없어도 불가능합니다. 그러므로 교환이나 환불을 할 때는 반드시 영수증이 있어야 합니다.

① 복잡합니다
② 위험합니다
③ 필요합니다
④ 가능합니다

32

얼마 전까지만 해도 한국 사람들은 사회에서 인정을 받고, 직장에서 승진하고, 높은 연봉을 받는 것이 성공이라고 생각했다. 그러나 최근에는 (㉠) 개인의 행복이 더 중요하다고 생각하는 사람이 많아지고 있다. 이에 따라 일과 삶의 균형을 의미하는 워라밸(work–life balance)이라는 말이 생겨났다.

① 기준보다
② 경쟁력보다
③ 사회적 성공보다
④ 창의적 발전보다

한국인들은 가장 더운 복날에 삼계탕을 즐겨 먹는다. 더운 날에 왜 뜨거운 삼계탕을 먹을까? 더운 날에는 땀을 많이 흘려 몸이 차가워진다. 그래서 몸의 기력을 보충하고 (㉠)을/를 유지하기 위해 뜨거운 삼계탕을 먹는다. 삼계탕의 주재료인 닭고기는 단백질이 풍부하고 인삼, 대추 등의 한약재와 함께 끓이면 더욱 영양가를 높일 수 있다. 이처럼 삼계탕을 먹는 것은 몸을 따뜻하게 하여 더위에 지친 몸을 회복하고자 하는 한국인의 지혜가 담겨 있다.

33 ㉠이 가리키는 것은?

① 지혜

② 건강

③ 복날

④ 여름

34 윗글의 내용과 같은 것은?

① 한국 사람들은 복날에만 삼계탕을 먹는다.

② 삼계탕은 찬 성질의 음식과 같이 먹으면 좋다.

③ 여름에는 땀을 많이 흘려 기력이 나빠질 수 있다.

④ 여름에 삼계탕을 먹을 때에는 회복과 지혜가 필요하다.

35-38 다음 질문에 답하시오.

35 다음 글의 내용과 같은 것은?

> 요즘 현대인들은 편의점 음식을 많이 먹는다. 왜냐하면 편의점에는 삼각김밥이나 도시락, 샌드위치 등 간편하게 먹을 수 있는 음식이 많기 때문이다. 이러한 편의점 음식은 이미 조리가 되어 있어 전자레인지에 30초 정도만 데우면 바로 먹을 수 있기 때문에 바쁜 현대인들에게 큰 인기를 얻고 있다. 또 편의점은 24시간 문이 열려 있어서 늦은 밤이나 새벽에도 쉽게 음식을 구입할 수 있다.

① 24시간 문을 여는 편의점을 찾기 어렵다.
② 요즘 편의점 음식이 사람들에게 인기가 많다.
③ 편의점에서 구입한 음식은 30초 후에 먹을 수 있다.
④ 편의점에 새벽에 가면 음식을 할인된 가격으로 살 수 있다.

36 다음 글의 내용과 같은 것은?

> 최근 비타민D가 부족한 환자가 많아졌다. 비타민D는 음식과 햇빛을 통해 몸으로 흡수된다. 따라서 비타민D가 부족한 환자는 일주일에 3~4회, 30분 정도 햇빛을 쐬는 것이 좋다. 여름에는 오전 11시 이전과 오후 5시 이후에 각각 20분, 겨울에는 햇빛이 가장 강한 낮 12시부터 산책만 30분해도 하루에 필요한 비타민D가 채워진다.

① 비타민D 부족은 빠른 치료가 필요하다.
② 겨울에는 강한 햇빛을 피해 산책을 하는 것이 좋다.
③ 비타민D는 햇빛을 쐬는 것으로 충분히 생성할 수 있다.
④ 여름에는 오전 11시에서 오후 5시 사이에 햇빛을 쐬야 한다.

37 다음 글의 중심 내용으로 알맞은 것은?

한국에 온 유학생들은 갑작스러운 생활의 변화로 스트레스를 많이 받는다고 한다. 그러나 변화는 우리가 살면서 피할 수 없는 것이자 새로운 것을 경험할 수 있는 기회이기 때문에 이러한 변화를 긍정적으로 받아들이려는 노력이 필요하다. 그러므로 변화를 스트레스로만 받기보다 자신의 미래를 위한 하나의 과정이나 기회라고 생각하는 것이 좋다.

① 우리는 새로운 경험을 해야 한다.
② 변화는 우리에게 스트레스를 준다.
③ 변화를 받아들이려는 태도를 갖는 것이 좋다.
④ 자신의 미래를 생각하는 사람은 과정과 기회도 생각해야 한다.

38 다음 글의 제목으로 알맞은 것은?

외국에서는 주로 자신이 가지고 있는 물건이나 인간관계를 나타낼 때 '나의' 또는 '내'라고 표현한다. 그래서 가까운 친구나 가족, 물건을 얘기할 때 '나의 책' 또는 '내 친구'라고 말한다. 그런데 한국에서는 가족, 회사, 집 등을 말할 때 '우리'를 사용해서 '우리 가족', '우리 회사', '우리 집'이라고 한다. 한국 사람들은 공동체를 중요하게 생각하기 때문에 '나'보다 '우리'라는 표현을 많이 사용한다.

① 한국의 '우리' 문화
② '우리 가족' 소개하기
③ '우리'라는 표현의 의미
④ 인간관계를 나타내는 방법

39 공동 주택이 <u>아닌</u> 것은?

① 빌라

② 아파트

③ 연립 주택

④ 다가구 주택

40 정월 대보름에 먹는 음식은?

① 송편

② 팥죽

③ 부럼

④ 떡국

41 병원 진료 후 약국에서 약을 받기 위하여 보여줘야 하는 것은?

① 영수증

② 처방전

③ 증명서

④ 진료기록

42 한국 생활에 필요한 전화번호 중 <u>틀린</u> 것은?

① 112: 경찰서

② 119: 소방서

③ 1339: 한국관광공사

④ 1345: 외국인종합안내센터

43 인구 고령화로 발생하는 문제점으로 옳지 <u>않은</u> 것은?

① 교통 체증

② 노인 건강 문제

③ 노동 인구 감소

④ 사회복지 부담 증가

44 명절에 하는 일이 <u>아닌</u> 것은?

① 성묘를 한다.

② 차례를 지낸다.

③ 농사를 돕는다.

④ 고향에 내려간다.

45 한국의 면접 문화에 대한 설명으로 맞지 <u>않는</u> 것은?

① 단정한 옷차림을 하고 면접을 보는 것이 좋다.

② 질문을 알아듣지 못 하더라도 아는 척을 하는 것이 좋다.

③ 한국의 면접관은 다른 직원들과 어울리는 능력을 중요하게 본다.

④ 면접을 볼 때 회사에 자신을 맞출 준비가 되어 있음을 나타내는 것이 좋다.

46 국민 건강 보험 제도에 대한 설명으로 맞지 <u>않는</u> 것은?

① 소득이나 재산에 상관없이 가입자는 똑같은 보험 서비스를 받는다.

② 높은 병원비로 경제적 부담을 갖게 되는 것을 방지하기 위해 실시한다.

③ 개인이나 가족 단위로 가입하고 국민 모두가 같은 금액의 보험료를 낸다.

④ 한국에 6개월 이상 거주하는 외국인이나 재외 동포는 가입 자격을 갖는다.

47 다음 글의 ㉠과 ㉡에 들어갈 말로 알맞은 것은?

> 온돌은 한국의 전통적인 난방 문화로 한국인의 생활과 밀접하게 연결되어 있다. 온돌은 (㉠) 돌이라는 뜻으로 돌을 이용해 바닥에 열을 전달한다. 온돌의 구조는 바닥에 설치된 큰 돌판을 뜻하는 구들장과 방 밖에 설치된 아궁이, 아궁이와 방 사이에 설치된 공간인 구들, 연기를 배출하는 (㉡)으로 되어 있다. 온돌의 장점은 열이 바닥을 통해 직접 전달되므로 난방 효율이 높으며 발을 따뜻하게 해주어 혈액순환에 도움을 준다.

	㉠	㉡
①	따뜻한	굴뚝
②	차가운	대문
③	무거운	부엌
④	딱딱한	마당

48 다음 글의 내용과 <u>다른</u> 것은?

> 명당이란 무덤이나 집터 또는 마을의 입지를 정할 때 가장 이상적으로 여겨지는 공간을 말한다. 특히 한국 사람들은 삶의 대부분을 집에서 지내므로 명당으로 여겨지는 공간 위에 집을 짓기 원한다. 뒤에 산이 있고, 앞에 물이 흐르면 '배산임수'라고 하여 좋은 위치라고 생각했다. 그리고 해가 오래 드는 남쪽으로 집의 방향이나 대문을 지었다. 그래서 요즘도 집을 구하거나 지을 때 배산임수와 남향집은 인기가 많다.

① 한국 사람들은 뒤에 산이 있고 앞에 물이 흐르면 좋다고 생각했다.
② 한국 사람들은 요즘도 남쪽으로 향한 집을 좋은 집이라고 생각한다.
③ 한국 사람들은 무덤이나 집터를 정할 때 좋은 자리를 찾으려고 한다.
④ 한국 사람들은 무덤을 정하거나 집을 짓기 위해 남쪽으로 가기를 원한다.

49

가: 온수를 사용하려고 하는데 보일러가 작동을 안 해요.

나: 전원은 잘 연결이 되어 있나요?

가: 네, 경고등이 켜지고 (   ) 물이 안 나와요.

나: 주소와 전화번호를 알려 주시면 서비스 기사한테 연락드리라고 하겠습니다.

50

요즘 길이나 공원에서 자전거를 타는 사람을 많이 볼 수 있습니다. 자전거를 타면 건강도 (   ) 공기도 깨끗해집니다. 여러분도 학교나 회사에 갈 때 자전거를 타 보세요.

01–02

　매년 5월 20일은 '세계인의 날'로 이날은 2007년에 제정된 후, 외국인과 한국인이 다양한 행사와 프로그램을 통해 함께 어울려 서로의 문화를 이해하는 사회를 만들기 위한 날이다. 세계인의 날에는 축하 공연, 전시회, 다양한 체험 공간, 세계 민속 공연, 사진 공모전 등 여러 행사가 개최된다. 또한 다문화 교육, 언어 교환 프로그램, 다문화 가정 지원 강좌 등의 교육 프로그램도 진행되고, 외국인과 한국인이 함께 참여하는 봉사활동, 스포츠 대회 등의 여러 커뮤니티 활동도 열린다.

01 위의 글을 소리 내어 읽어 보세요.

02 1) 세계인의 날은 언제예요?

2) 세계인의 날에는 어떤 행사를 해요?

03 1) _____ 씨가 한국에서 경험한 행사에 대해 말해 보세요.

2) _____ 씨는 친구와 같이 가고 싶은 행사가 있는지 말해 보세요.

04 1) 한국에는 명절마다 다양한 전통놀이를 즐깁니다. 한국의 대표 명절인 설날과 추석에 즐기는 전통놀이에 대해 아는 대로 말해 보세요.

2) _____ 씨 나라에는 어떤 전통놀이가 있는지 소개해 주세요.

05 1) 한국의 저출산(저출생)과 고령화로 나타난 변화에 대해 말해 보세요.

2) 저출산(저출생)과 고령화 문제의 해결 방법에 대해 말해 보세요.

모바일 OMR 자동채점

시험 시간: 60분(객관식 + 주관식) | 정답 및 해설 p.235

01-02 다음 질문에 답하시오.

01 이 사람들은 지금 뭐 해요?

① 등산을 해요.
② 버스를 타요.
③ 출근을 해요.
④ 커피를 마셔요.

02 다음 (　　　)에 들어갈 말로 알맞은 것은?

> 저는 라면(　　　　　) 김밥을 더 좋아해요.

① 이
② 을
③ 보다
④ 처럼

03-04 다음 〈보기〉를 참고하여 밑줄 친 부분과 의미가 <u>반대인</u> 것을 고르시오.

보기

가: 방에 컴퓨터가 <u>있어요</u>?

나: 아니요, (   ).

① 많아요   ② 적어요   ③ 바빠요   ❹ 없어요

03

가: 그 책이 <u>어려워요</u>?

나: 아니요, (   ).

① 많아요

② 좋아요

③ 바빠요

④ 쉬워요

04

가: <u>평일</u>에도 한국어를 배워요?

나: 아니요, (   )에만 배워요.

① 휴일

② 방학

③ 주말

④ 오후

다음 대화의 (   )에 들어갈 가장 알맞은 것을 고르시오.

05

가: 우리 집에 고양이가 있어요.

나: 우리 집에는 강아지 한 (   )가 있어요.

① 개
② 대
③ 송이
④ 마리

06

가: 여기 게시판을 보세요. 이 회사에서 직원을 (   ).

나: 정말 그러네요.

① 채용하네요
② 참가하네요
③ 신청하네요
④ 작성하네요

07-08 다음 밑줄 친 부분과 의미가 <u>반대인</u> 것을 고르시오.

07

> 가: 라흐만 씨가 일하는 모습을 보면 성격이 좀 <u>느긋한</u> 것 같아요.
>
> 나: 맞아요, 그런데 한번도 실수한 적이 없어요.

① 편한
② 급한
③ 다정한
④ 꼼꼼한

08

> 가: 저는 그 의견에 <u>반대하는</u> 입장입니다.
>
> 나: 혹시 이 의견에 (   ) 분 안 계십니까?

① 금지하는
② 찬성하는
③ 걱정하는
④ 거절하는

다음 (　　) 에 들어갈 가장 알맞은 것을 고르시오.

09

> 욕실에 하수구가 (　　　　　) 물이 잘 내려가지 않네요.

① 막혀서
② 잠겨서
③ 깨져서
④ 고쳐서

10

> 정월 대보름에는 보름달을 보며 소원을 (　　　　　).

① 보내요
② 지내요
③ 즐겨요
④ 빌어요

11

준비된 재료의 양에 맞춰 부침 가루 2컵에 물 1컵을 넣어 잘 (   ).

① 담으세요

② 비비세요

③ 무치세요

④ 섞으세요

12

(   )은 국가의 제도 속에서 이루어지는 교육을 말한다.

① 사교육

② 교육열

③ 공교육

④ 주입식

다음 〈보기〉를 참고하여 밑줄 친 부분과 의미가 <u>비슷한</u> 것을 고르시오.

보기

가: 정원이 진짜 <u>예쁘네요</u>.

나: 네, 어머니께서 정원을 (   ) 만드셨어요.

① 귀엽게   ② 맛있게   ③ 어색하게   ❹ 아름답게

13

가: 우산을 갖고 다니기가 <u>번거롭지</u> 않아요?

나: 갖고 다니기가 너무 (   ) 집에 놓고 오려고요.

① 불안해서

② 귀찮아서

③ 어려워서

④ 힘들어서

14

가: 마취 없이 하는 수술인데도 고통을 잘 <u>견뎌냈어요</u>.

나: 정말 대단해요. 어떻게 (   )?

① 지냈어요

② 버텼어요

③ 노력했어요

④ 성공했어요

다음 대화의 (　　　)에 들어갈 가장 알맞은 것을 고르시오.

15

가: 어제는 날씨가 너무 (　　　　　)?
나: 네, 그래서 감기에 걸렸어요.

① 춥습니까
② 추웠네요
③ 추울까요
④ 추웠지요

16

가: 왜 아침을 안 먹었어요?
나: 먹고 싶었지만 시간이 없어서 (　　　　　).

① 먹지 마세요
② 못 먹었어요
③ 먹어 주세요
④ 먹고 싶어요

17

가: 졸업식은 언제 해요?

나: 졸업식은 다음 주 금요일에 (   ).

① 했어요

② 할 거예요

③ 하고 있어요

④ 한 적이 있어요

18

가: 요즘 발목이 너무 아파요.

나: 발목이 너무 아프면 평소에 스트레칭을 자주 (   ). 훨씬 괜찮을
거예요.

① 할게요

② 했어요

③ 해 보세요

④ 하고 있어요

19

가: 오늘 점심에 김치찌개를 먹을까요?

나: 저는 매운 음식을 좋아하지 않아서 ( ).

① 먹지 못해요

② 먹지 마세요

③ 먹지 못할 거예요

④ 먹고 싶지 않아요

20

가: 한국 사람들은 모두 김치를 좋아해요?

나: ( ) 김치를 싫어하는 사람은 없을 거예요.

① 한국 사람치고

② 한국 사람조차

③ 한국 사람만큼

④ 한국 사람밖에

21

가: 연말 공연은 예매했어요?

나: 그 연말 공연은 예매를 (　　　　　　) 매진이에요.

① 시작할수록

② 시작이야말로

③ 시작하느라고

④ 시작하자마자

22

가: 웹사이트(website) 비밀번호를 잊어버렸어요?

나: 네, 오랫동안 사용하지 않아서 비밀번호를 (　　　　　).

① 잊을 거예요

② 잊은 척 했어요

③ 잊어버리고 말았어요

④ 잊어버릴 것 같은데요

다음 밑줄 친 부분이 틀린 것을 고르시오.

23 ① 학교까지 조금 멀지만 <u>걸어 다닐 만해요</u>.

② 제가 <u>청소하느라고</u> 아이들을 좀 봐 주세요.

③ 버스 정류장에 <u>도착하자마자</u> 버스가 왔어요.

④ 어머니 생신 선물로 무엇이 <u>좋은지 모르겠어요</u>.

24 ① 물을 끓이려고 가스 불을 <u>켜 놓았어요</u>.

② 몸이 너무 아파서 일어나는 <u>것조차</u> 힘들어요.

③ 사람도 <u>만날 겸</u> 고향 소식도 <u>들을 겸</u> 친구들을 만났어요.

④ 지난주에 친구와 같이 <u>가는 데다가</u> 한국 음식점이 맛있었어요.

25-26 다음 대화의 ( )에 들어갈 가장 알맞은 것을 고르시오.

25

가: 차 한잔 마실래요?

나: 그렇지 않아도 ( ).

① 마시나 봐요

② 마시게 했어요

③ 마실 줄 몰랐어요

④ 마시려던 참이었어요

26

가: 지금 읽고 있는 책은 어때요? 재미있어요?

나: 네, 이 책은 ( ) 정말 재미있어요.

① 읽든지

② 읽으면서

③ 읽을수록

④ 읽다시피

27
① 그 모습이 얼마나 <u>예쁜지 알아요</u>.
② 커피를 들고 뛰어오다가 다 <u>쏟을 뻔했어요</u>.
③ 열심히 <u>공부하되</u> 집중해서 할 필요가 있다.
④ 버스를 타려고 뛰어갔지만 <u>놓치고 말았어요</u>.

28
① 리민 씨가 시험을 <u>망쳤나 봐요</u>.
② 공원에 꽃이 많이 <u>피어</u> 있어요.
③ 너무 피곤해서 <u>씻기조차</u> 귀찮아요.
④ 놀이공원에 <u>가도</u> 롤러코스터를 탔어요.

29

람흐 씨는 감기에 걸렸어요. 목이 많이 아파서 목감기에 좋다는 생강차를 자주 마셨지만 (　　㉠　　). 의사 선생님께서는 약을 먹고 푹 쉬라고 했어요. 그래서 람흐 씨는 오늘 출근을 하지 않고 집에서 쉴 거예요.

① 생강차는 감기에 안 좋아요

② 감기가 나아서 회사에 갔어요

③ 계속 아파서 이비인후과에 갔어요

④ 생강차를 마셔서 이제 아프지 않아요

30

다양한 방법으로 환경 보호에 힘쓰는 기업이 많아지고 있다. 한 자동차 회사는 분리수거함에 점수판을 설치해 분리수거를 제대로 할 때마다 높은 점수를 줘서 (　　㉠　　).

① 쓰레기를 줄이고 있다

② 높은 점수를 받도록 유도하고 있다

③ 회사가 칭찬을 해줘야 한다고 했다

④ 적극적인 분리수거에 동참하도록 하고 있다

31

스마트폰은 '내 손 안에 컴퓨터'와 같다. 왜냐하면 스마트폰으로 사진을 보낼 수도 있고, 내가 듣고 싶은 음악을 들을 수도 있고, 다른 사람과 연락을 주고받을 수도 있기 때문이다. 그리고 요즘은 (㉠   ) 은행 업무를 보기도 쉬워졌다. 이처럼 스마트폰은 우리 생활을 편리하게 만들어 준다.

① 영상 통화를 통해
② 터치스크린을 이용하여
③ 인터넷 뱅킹이 가능하여
④ 정부 사이트에 접속하여

32

속담은 인생에 대한 가르침을 간결하게 표현하는 말이다. 속담은 오랜 인생 경험을 통해 얻은 교훈으로, 그 안에는 한국인의 (㉠   )이 담겨 있다. 한국 속담 중에는 특히 '말(言)'과 관련된 속담이 많은데 현재까지도 아주 친숙하게 사용되고 있다.

① 자세와 성품
② 유교적 가치관
③ 까다로운 철학
④ 사고방식과 행동양식

판매자가 식품 등의 제품을 소비자에게 팔 수 있는 날짜를 '유통 기한'이라고 한다. 유통 기한은 년, 월, 일로 표시하며 식품에 따라서는 시간까지 표시하기도 한다. 예전에는 이러한 유통 기한이 지나면 상하지 않은 제품이라도 먹을 수 없었다. 그러나 최근에는 유통 기한이 지나도 일정 기간 동안 음식을 먹을 수 있는 (　　㉠　　)을 표시하고 있다. 이는 제품에 따른 보관 방법만 잘 지킨다면 유통 기한이 지나도 음식을 먹을 수 있어서 아깝게 제품을 버리는 일을 줄일 수 있다.

33 ㉠이 가리키는 것은?

① 판매 기한

② 유통 기한

③ 소비 기한

④ 보관 기한

34 윗글의 내용과 같은 것은?

① 소비자는 유통 기한을 지켜야 한다.

② 유통 기한이 지난 음식은 아까워도 버려야 한다.

③ 판매자는 유통 기한이 지나도 제품을 팔 수 있다.

④ 유통 기한이 지나도 일정 기간 동안 제품을 먹을 수 있다.

35 다음 글의 내용과 같은 것은?

부모나 형제, 배우자나 자녀 없이 혼자 사는 사람을 '1인 가구'라고 한다. 요즘 한국에서는 1인 가구가 빠르게 증가하고 있다. 왜냐하면 취업을 하는 시기가 늦어지면서 결혼도 늦어지거나 결혼을 하지 않는 사람이 많아졌기 때문이다. 더불어 노인의 수가 증가하는 고령화 현상도 1인 가구 증가의 원인 중 하나이다. 이렇게 1인 가구가 증가하면서 우리 사회에는 크고, 작은 변화가 생기고 있는데 이러한 변화에 맞춰 지원 정책도 함께 확대되어야 할 것이다.

① 1인 가구를 위한 서비스를 실시해야 한다.
② 1인 가구의 증가로 취업이 늦어지고 있다.
③ 1인 가구를 위한 정책이 확대되어야 할 것이다.
④ 1인 가구의 증가 원인은 고령화, 저출산, 결혼 기피 현상이다.

36 다음 글의 내용과 같은 것은?

매년 5월 셋째 주 월요일은 성년의 날로, 이날은 만 19세가 되는 사람들이 성인이 되었음을 알리고 축하해 주는 특별한 날이다. 성년의 날이 되면 친구들끼리 선물을 주고받으며 서로를 축하하는데, 성인이 된 만큼 성인으로서의 권리와 의무, 책임도 더욱 갖춰야 할 것이다.

① 만 19세 젊은이들에게 성년의 날은 특별하다.
② 성년의 날은 매월 셋째 주 월요일에 실시된다.
③ 성년의 날에 선물을 주고받는 게 권리이자 의무이다.
④ 만 19세가 되면 의무적으로 성년의 날에 참석해야 한다.

37 다음 글의 중심 내용으로 알맞은 것은?

인터넷의 발달로 더욱 다양한 방법으로 공연 정보를 쉽게 찾아볼 수 있게 되었다. 그중 문화포털 사이트는 공연 정보를 한데 모아 놓은 사이트인데, 문화포털에서는 회원 가입만 하면 언제, 어디서든지 공연 정보를 확인할 수 있다. 또한 회원들이 남긴 공연 후기도 볼 수 있어서 공연을 선택하기 전에 참고할 수도 있다.

① 공연 정보를 찾는 방법이 다양해졌다.
② 문화포털이 아니면 공연 정보를 찾을 수 없다.
③ 문화포털에서 공연 후기만 봐도 공연을 예매할 수 있다.
④ 문화포털을 이용하려면 돈을 내고 회원 가입을 해야 한다.

38 다음 글의 제목으로 알맞은 것은?

누구나 걸릴 수 있는 주요 질병 중에서 암이나 고혈압, 당뇨병 등은 특히 현대인이 많이 걸리는 질병이다. 이 질병들은 잘못된 생활 습관과 밀접한 관련이 있다. 그러므로 질병에 걸리지 않으려면 규칙적인 식사와 충분한 물 섭취, 꾸준한 운동 등 생활 습관을 바꿔야 한다.

① 질병과 생활 습관
② 질병에 대처하는 방법
③ 규칙적인 식사의 중요성
④ 현대인들이 시달리는 질병

39 다음 ( )에 들어갈 알맞은 것은?

> 대부분의 한국 직장에서는 월요일부터 금요일까지 일하는 ( )
> 를 실시하고 있다.

① 시간제
② 반일제
③ 주5일제
④ 특별근로제

40 다음 ( )에 들어갈 알맞은 것은?

> 가: 나라마다 그 나라를 대표하는 노래가 있지요?
> 나: 네, 한국은 ( )라고 하는데 '나라를 사랑하는 마음을 담은 노
> 래'라는 뜻을 지니고 있어요.

① 민요
② 태평가
③ 애국가
④ 판소리

41 대중에게 정보를 전달하는 대중 매체로 보기 <u>어려운</u> 것은?

① 책

② 가수

③ 라디오

④ 텔레비전

42 다음 (   )에 들어갈 알맞은 것은?

(   )는 생활이 어려운 사람들의 생활수준을 보장해 주고 생활비와 의료비를 지원해 주는 제도이다.

① 의료급여

② 긴급복지

③ 보험급여

④ 공공부조

43 다음 (   )에 들어갈 알맞은 것은?

사람과 사람 사이에 무엇을 주고받을지에 대해 약속하는 것을 (   )이라고 한다.

① 계약

② 협력

③ 서명

④ 책임

44 법으로 분쟁을 해결하고 권리를 보호하는 대표적인 방법은?

① 상담

② 검사

③ 약속

④ 소송

45 국가인권위원회의 역할로 옳은 것은?

① 이민자를 위한 독립된 전문 기관이다.

② 국가인권위원회는 소송을 통한 재판을 담당한다.

③ 국민들의 범죄 사건에 대해 수사를 진행하는 곳이다.

④ 인권 침해에 대한 상담, 조사, 구제 역할을 하는 곳이다.

46 한국의 선거에 대한 설명으로 맞지 <u>않는</u> 것은?

① 선거는 국민을 대표할 사람을 직접 뽑는 행위를 말한다.

② 만 18세 이상의 국민이면 누구나 대통령 선거에 참여할 수 있다.

③ 비밀 선거는 조건에 관계없이 공평하게 1인 1표씩 투표하는 것이다.

④ 대통령 선거는 5년에 한 번, 국회의원 선거나 지방선거는 4년에 한 번씩 한다.

47 다음 글의 ㉠과 ㉡에 들어갈 말로 알맞은 것은?

최근 반려견을 키우는 인구가 증가함과 동시에 반려견에게 물리는 사고도 여러 건 발생하고 있다. 이는 반려견의 안전관리에 신경을 쓰지 않아 일어나는 사고인데 순식간에 큰 사고로 이어지는 경우가 많다. 그러므로 (㉠)를 예방하기 위해서 반려견을 기르는 사람은 반려견의 (㉡) 착용을 의무화해야 하고, 입마개로 입을 가리는 등 안전관리에 더욱 신경을 써야 한다.

	㉠	㉡
①	충돌 사고	목줄
②	물림 사고	목줄
③	충돌 사고	밧줄
④	물림 사고	밧줄

48 다음 글의 내용과 <u>다른</u> 것은?

최근 보이스 피싱이나 메신저 피싱 등의 사이버 피해가 증가하며 경제적 손해를 입는 경우가 많이 발생하고 있다. 이러한 피싱에 피해를 입지 않으려면 모르는 번호로 전화가 왔을 때는 받지 않는 것이 좋으며, 의심되는 메일이나 문자를 받았을 때는 내용에 포함된 링크를 함부로 클릭하지 않는 것이 좋다. 피싱으로 의심될 때는 경찰청이나 금융감독원에 신고하여 더 큰 피해가 발생하지 않도록 해야 한다.

① 최근 사이버 범죄 피해가 늘어나고 있다.
② 사이버 피해를 줄이기 위해서는 스마트폰 사용을 금지해야 한다.
③ 보이스 피싱이나 메신저 피싱 등으로 돈을 잃는 피해가 일어나고 있다.
④ 메일이나 문자 메시지에 포함된 링크는 열지 말고 경찰청에 신고해야 한다.

49-50 다음을 읽고 (   )에 들어갈 가장 알맞은 것을 쓰시오.

49

전자 제품에 문제가 생겼을 때는 (   )로 전화하시면 됩니다. 휴일에도 상담직원이 친절하게 안내해 드리고 있고, 상담 기관이 지역별로 있기 때문에 필요한 도움을 드릴 수 있습니다.

50

(   )은 한국의 민요 중 가장 유명하며 한국인의 정서, 한을 대변한다. 또한 함께 따라 부르기 쉽고, 가사와 장단을 자유롭게 바꿀 수 있어서 지역마다 다른 느낌으로 전해져 온다.

01-02

최근 배달 앱(App)을 이용해 음식을 주문하는 사람이 많아졌다. 배달 앱은 여러 식당을 한눈에 비교할 수 있으며, 클릭 한 번으로 쉽게 주문할 수도 있다. 또한 쿠폰, 포인트 등 할인 혜택도 다양하다. 배달 앱으로 주문하기 위해서는 우선 앱을 열고 원하는 음식 종류와 식당을 선택한다. 다음으로 먹고 싶은 메뉴를 선택한다. 그리고 '주문하기'를 누른 후 주소와 전화번호 등의 개인 정보를 쓰면 계산 단계로 넘어간다. 계산은 앱에서 카드로 결제할 수도 있고 배달 직원에게 직접 현금으로도 결제할 수 있다.

01 위의 글을 소리 내어 읽어 보세요.

02 1) 한국 사람들은 어떻게 음식을 주문해요?

2) 배달 앱을 이용하면 계산은 어떻게 해요?

03 1) 한국에서 음식을 주문한 경험을 말해 보세요.

2) _____ 씨 고향에서는 어떤 방법으로 음식을 주문하는지 말해 보세요.

04 1) 현대인의 지나친 인터넷 사용과 스마트폰의 의존으로 나타나는 문제점을 말해 보세요.

2) 인터넷과 스마트폰의 바람직한 사용 방법에 대해 말해 보세요.

05 1) 한국에는 어떤 선거가 있어요? 선거에서 중요한 점은 무엇인지 말해 보세요.

2) 고향에서는 정치와 관련하여 어떤 방법으로 국민의 의사를 표현하는지 말해 보세요.

제3편

정답 및 해설

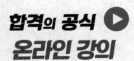

01	02	03	04	05	06	07	08	09	10
②	③	③	②	①	③	②	②	②	④
11	12	13	14	15	16	17	18	19	20
③	①	①	②	③	①	④	④	③	①
21	22	23	24	25	26	27	28	29	30
③	④	①	①	④	④	④	③	①	②
31	32	33	34	35	36	37	38	39	40
②	④	④	①	②	③	③	②	①	④
41	42	43	44	45	46	47	48		
④	②	④	①	②	②	④	④		
49					50				
(학교)생활기록부					일어날 정도로				

01 정답 ②

사진 속의 물건은 시간을 나타내는 기계이므로 정답은 '시계'이다.

The picture shows a 'clock'.

照片里的物品是显示时间的机器，所以答案是"钟表"。

02 정답 ③

명사+로: 방향, 이유, 수단이나 도구 등을 나타낼 때 사용한다.

This grammar pattern is used to indicate direction, reason, means, or instrument to do something.

用于表示方向、理由、手段或工具等。

03 정답 ③

② 팔다, sell, 卖 ↔ 사다, buy, 买

③ 싫어하다, dislike, 讨厌 ↔ 좋아하다, like, 喜欢

04 정답 ②

① 좋다, good, 好 ↔ 나쁘다, bad, 坏

② 비싸다, expensive, 贵 ↔ 싸다, cheap, 便宜

③ 예쁘다, pretty, 漂亮 ↔ 못생기다, ugly, 丑

④ 많다, many, 多 ↔ 적다, few, 少

05 정답 ①

① 해열제: 열이 날 때 먹는 약

② 두통약: 머리가 아플 때 먹는 약

③ 소화제: 소화가 안 될 때 먹는 약

④ 소독약: 감염이나 전염 예방을 위해 소독할 때 사용하는 약

① antipyretic: This medicine is taken to reduce fever

退烧药: 发烧时吃的药

② pain reliever: This medicine is used for headache, menstrual cramps, muscle pain, etc.

头痛药: 头痛时吃的药

③ indigestion medicine: This medicine is used for indigestion

消化药: 消化不良时吃的药

④ disinfectant: This substance is used for disinfection. It prevents infection or transmission of harmful microorganisms

消毒药: 用于预防感染或传染的消毒药

06 정답 ③

아직: 어떤 일이나 상태가 시간이 더 지나야 함을 나타내거나 어떤 일이나 상태가 끝나지 않고 계속 이어짐을 나타낼 때 사용한다.

This word is used to describe something that is expected to happen but hasn't happened yet.

用于表示某事或状态需要更多时间才能完成，或者某事或状态尚未结束并继续持续时。

07 정답 ②

② 입학하다, enroll, 入学 ↔ 졸업하다, graduate, 毕业

08 정답 ②

① 한적하다, tranquil/peaceful, 寂静/闲静 ↔ 복잡하다, complicated/chaotic, 拥挤

② 차갑다/시원하다, cold/cool, 冷/凉 ↔ 뜨겁다/따뜻하다, hot/warm, 热/暖

③ 맛있다, delicious, 好吃 ↔ 맛없다, unappetizing, 不好吃

④ 편리하다, convenient, 方便 ↔ 불편하다, inconvenient, 不方便

09 정답 ②

건강 상태를 검사하고 진찰하는 건강 검진을 받으려면 병원에 가야 한다.

Hospitals and local health centers provide people with medical check-ups, treatments, and other health care services.

要进行检查和诊断健康状况的体检，需要去医院。

10 정답 ④

고향에 계신 아버지가 아프다는 내용이 나오므로 걱정되고 슬픈 감정인 '우울하다'가 적절하다.

The text mentions that the father who lives hometown is sick. Therefore, feeling sad or worried refers to being 'depressed'.

由于提到在故乡的父亲生病了，因此“忧郁”这种表示担心和悲伤的情感是合适的。

11 정답 ③

① 찍다: 바닥에 대고 눌러서 자국을 내다.

② 보내다: 시간이 지나가게 하다.

③ 붙이다: 서로 맞닿아서 떨어지지 않게 하다.

④ 넣다: 어떤 공간 속에 들어가게 하다.

① stamp: Bring down (one's foot) heavily leaving marks on the ground.

　按压: 通过按压在地面上留下印记。

② spend: To dedicate time to doing something or being somewhere.

　度过: 让时间流逝。

③ attach: Join or fasten.

　粘贴: 相接不落。

④ put: Place in a particular position.

　投放: 使某物进入某个空间。

12 정답 ①

① 자신감: 어떤 일을 스스로 충분히 해낼 수 있다고 믿는 마음
② 무력함: 힘이 없거나 약한 상태
③ 외로움: 혼자 있는 것 같은 쓸쓸한 느낌
④ 생소함: 처음 보거나 듣는 것이어서 익숙하지 않은 느낌

① confidence: The feeling or belief that one can do something fully with one's own abilities or qualities

自信心：相信自己能充分完成某事的心

② helpless: A state of being weak and powerless

无力感：缺乏力量或感到虚弱的状态

③ lonely: Feeling sad and alone

孤独：感到孤单或寂寞的情感

④ unfamiliar: Not having any knowledge or experience of something

生疏：对新事物或新经验感到陌生的感觉

13 정답 ①

'물려주다'와 비슷한 단어는 '전승하다'이다.

'Hand over' is the similar to 'pass down'.

与"继承"相似的单词是"传承"。

전승하다: 이어받아 계승하다, 물려주어 잇게 하다.

inherit, succeed, hand over.

接受并继承，传承下去。

14 정답 ②

'떨어지다'와 비슷한 단어는 '저하되다'이다.

'Deteriorate' is the similar to 'decline'.

与"下降"相似的单词是"降低"。

시력이 떨어지다: 시력이 나빠지다.

ocular degeneration.

视力变差。

15 정답 ③

동사/형용사/명사 '이다'+-(으)ㄹ 거예요: 미래의 일이나 계획을 말할 때 사용한다.

This grammar pattern is used to talk about future events or plans.

用于表达未来的计划或事情。

예 다음 주에 가족과 일본에 <u>갈 거예요</u>.

16 정답 ①

동사+-(으)러 가다/오다/다니다: 이동의 목적을 나타낼 때 사용한다.

This grammar pattern indicates the purpose of an action.

用于表示移动的目的。

예 내일 친구와 야구를 <u>보러</u> 야구장에 <u>가기로 했어요</u>.

17 정답 ④ .

동사/형용사+-(으)ㄴ/는데: 뒤에 이어지는 내용에 대한 배경이나 상황을 설명할 때 사용한다.

This grammar pattern explains the background or situation of the following clause, phrase, or sentence.

用于说明后面内容的背景或情况。

예 이 옷은 <u>예쁜데</u> 얇아서 지금 입기에는 추워.

18 정답 ④

동사+-(으)ㄴ 다음에: 어떤 행위를 먼저 한 후에 뒤의 행위를 나타낼 때 사용한다.

This grammar pattern expresses doing another action right after an action is completed.

先做某个行为，然后表示后面的行为时使用。

예 발음을 잘 <u>들은 다음에</u> 따라 해 보세요.

19 정답 ③

동사/형용사+-아/어야 되다/하다: 어떤 행동을 해야 할 의무가 있거나 필요가 있음을 나타낼 때 사용한다.

This grammar pattern is used with actions that express necessity.

用于表示有义务或需要做某种行为。

예 자기 전에 잊지 말고 약을 <u>먹어야 돼</u>.

20 정답 ①

동사+-아/어 보다: 과거의 사건이나 경험을 말할 때 사용한다.

This grammar pattern talks about having the experience of doing an action when used in the past tense.

用于谈论过去的事件或经历。

예 해외는커녕 제주도도 못 가 봤어.

21 정답 ③

명사+만큼: 앞에 있는 명사와 비교할 때 그 정도가 비슷함을 나타낼 때 사용한다.

This grammar pattern indicates something is equivalent to another.

用于表示前面的名词与其比较程度相似。

예 나는 너를 하늘만큼 땅만큼 사랑해.

22 정답 ④

동사+-(으)ㄹ 줄 알다/모르다: 어떤 일을 할 방법이나 능력이 있음(혹은 없음)을 나타낼 때 사용한다.

This grammar pattern expresses whether one has or doesn't have the ability to do something.

用来表示做某事的方法或能力。

예 저는 게임을 할 줄 몰라요.

23 정답 ①

동사+-(으)ㄹ 만하다: 어떤 행동을 할 가치가 있음을 나타낼 때 사용한다.

This grammar pattern indicates something is worth doing or deserves a particular action.

用于表示某种行为是可能的或有价值的。

예 제주도는 살 만한 도시예요.

24 정답 ①

피동 표현, Irregular passive verbs, 被动表达

-이-	놓이다 쌓이다	-리-	걸리다 열리다
-히-	막히다 닫히다	-기-	감기다 끊기다

예 건너편에 빵집이 새로 생겼어요.

25 정답 ④

동사/형용사/명사 '이다'+-(으)ㄹ 뿐만 아니라: 앞의 내용에 더해 뒤의 말이 나타내는 내용까지 작용함을 나타낼 때 사용한다.

This grammar pattern is used to indicate that the following content is also applicable in addition to the prior content.

用于表示在前面的内容之外，还包含后面的内容。

예 내일은 기온이 <u>낮을 뿐만 아니라</u> 바람도 많이 분다니까 옷을 따뜻하게 입으세요.

26 정답 ④

동사/형용사/명사 '이다'+-(으)ㄴ/는 줄 알다/모르다: 어떤 사실에 대해 알고 있을 때(혹은 모르고 있을 때) 사용한다.

This grammar pattern is used to indicate that one assumes a fact regardless of whether it's true or not.

用于表示知道或不知道某个事实。

제출하다: 의견이나 서류 등을 내다.

to hand in a document, report, homework, etc.

提交意见或文件等。

예 우리 엄마는 제가 휴대 전화만 보면 <u>노는 줄 알아요</u>.

27 정답 ④

동사/형용사/명사 '이다'+-더니: 사건이나 상황이 일어나고 곧바로 이어서 어떤 사실이나 상황이 일어남을 나타낼 때 사용한다.

This grammar pattern shows cause-and-effect between two events or actions.

用于表示事件或情况发生后紧接着发生某个事实或情况时使用。

예 친구가 밥을 급하게 <u>먹더니</u> 배탈이 났어요.

28 정답 ③

동사/형용사+-(으)ㄴ/는 법이다: 앞의 상태나 행동이 당연하거나 이미 그렇게 정해진 것임을 나타낼 때 사용한다.

This grammar pattern expresses inevitability. It indicates that something certainly will become so.

表示某种状态或行为是理所当然的或已经注定的。

예 끊임없는 거짓말은 언젠가 <u>밝혀지는 법이다</u>.

29　정답 ①

'기타를 치는 것을 좋아합니다.'와 '주말마다 문화 센터에 갑니다.'의 내용으로 보아 새로운 지식이나 기술을 얻는다는 의미로 '배웁니다'를 쓰는 것이 적절하다.

The contexts 'like to play the guitar' and 'go to the cultural center every weekend', imply gaining new knowledge or skills. Therefore, '배웁니다' (learn) is the appropriate answer.

从"喜欢弹吉他"和"每周末去文化中心"的内容来看，使用表示学习新知识或技能的"배웁니다"(学习)是合适的。

30　정답 ②

한가위 대잔치에 참여하려면 이번 주까지 외국인 센터 홈페이지에 들어가서 신청해야 한다.

To participate in the Korean Thanksgiving festival, applications should be made on the Foreigner Center's website within the week.

如果想参加中秋盛宴，必须在本周之前进入外国人中心网站进行申请。

31　정답 ②

'문화가 있는 날'을 통해 한국에서 새로운 문화생활을 경험하며 좋은 추억도 많이 '가지고 싶다'라는 의미로 '쌓고 싶다'를 쓰는 것이 적절하다.

It is appropriate to use '쌓고 싶다' (wants to gather) to express the desire to 'accumulate' good memories while experiencing new cultural activities in Korea through 'Culture Day'.

通过"文化日"体验韩国新的文化生活，并希望留下许多美好的回忆，因此使用"쌓고 싶다"(积累)是合适的。

32　정답 ④

① 결제: 돈을 내어주고 거래를 끝냄
② 무상: 무료, 돈을 내지 않아도 됨
③ 구입: 물건을 삼
④ 반품: 이미 산 물건을 다시 되돌려 보냄

① payment: Giving money in exchange for goods or services

　결账: 支付款项并完成交易

② gratis: Free, free of charge

　无偿: 免费，不需要付钱

③ buy: To purchase something

　　购买: 购买物品

④ return: To send back the purchased goods to the owner

　　退货: 已经购买的物品再退回

33 정답 ④

주말은 토요일과 일요일을 말한다. 글의 내용으로 보아 주말에 하는 일 중 앞부분은 토요일에 관한 내용, 뒷부분은 일요일에 관한 내용이다.

Weekends are Saturdays and Sundays. The first part of the text describes Saturday activities, while the last part details Sunday activities.

周末指的是星期六和星期日。根据文章内容，周末的活动前半部分指的是星期六的内容，后半部分是星期日的内容。

34 정답 ①

② 주말에 <u>영화관에서</u> 영화를 봅니다. ➡ 일요일 오후에는 보통 집에서 영화를 봅니다.

③ 주말에 <u>가족과 함께 청소를 합니다.</u> ➡ 일요일 오후에는 보통 고향에 있는 가족과 영상 통화를 합니다.

④ 주말에 종합복지센터에서 한국어를 <u>가르칩니다.</u> ➡ 토요일에 종합복지센터에서 한국어를 배웁니다.

② Watch movies at the cinema on weekends. ➡ Usually watch movies at home with the family on Sunday afternoon.

　　周末在电影院看电影。➡ 星期日下午通常在家看电影。

③ Cleans with the family on weekends. ➡ Usually video calls with family back home on Sunday afternoon.

　　周末和家人一起打扫。➡ 星期日下午通常和老家的家人视频通话。

④ Teach Korean at the General Welfare Center on weekends. ➡ Study Korean at the General Welfare Center on Saturdays.

　　周末在综合福利中心教韩语。➡ 星期六在综合福利中心学习韩语。

35 정답 ②

한국에서는 이사를 하면 가족이나 친척, 친구를 집으로 초대하여 '집들이'를 합니다.

When moving to another house in Korea, Koreans invite their families, relatives and friends for a 'housewarming'.

在韩国，搬家后会邀请家人、亲戚或朋友到家里进行"집들이"（设乔迁宴）。

36 정답 ③

'잔액이 부족하다'의 의미는 교통카드에 돈이 모자라다는 의미이다. 글쓴이가 '잔액이 부족합니다.'의 의미를 몰라서 당황하고 있을 때 버스에 타고 있던 한국 사람이 무슨 의미인지 알려 주고, 버스 요금도 내 주었기 때문에 '한국 사람이 나를 도와주었다.'가 적절하다.

'Not having enough balance' means 'insufficient balance' on the transportation card. The speaker didn't know the meaning of '잔액이 부족합니다', so a Korean explained it and paid for the bus fare. Therefore, 'a Korean helped me' is the appropriate answer.

"余额不足"意味着交通卡里缺钱。发帖人不知道"余额不足"的意思而惊慌失措的时候,告诉了公交车上的韩国人是什么意思,还支付了公交车费,所以"韩国人帮助了我。"非常合适。

잔액: 나머지 금액

remaining credit

剩余金额

37 정답 ③

직장 생활을 하면서 얻는 스트레스는 새로운 취미 생활을 가지거나 야외 활동, 동호회 활동 등 몸을 움직일 수 있는 활동을 하면서 푸는 것이 좋다.

Relieving stress from professional life by engaging in new hobbies or activities is a great idea. Activities that keep your body moving, such as outdoor adventures or club activities can be particularly effective.

工作中产生的压力，通过新兴趣爱好、户外活动或兴趣小组活动等身体运动的方式来释放是好的。

38 정답 ②

한국의 학제와 학교의 종류 등에 대해 설명하는 글이므로 '한국의 교육 제도'가 적절하다.

The article illustrates the types and school system in Korea. Therefore, 'Korean educational system' is the appropriate answer.

由于文章讲述的是韩国的学制和学校类型，所以 "한국의 교육 제도"（韩国的教育制度）是最合适的。

39 정답 ①

한글의 자음은 사람의 발음 기관을 본떠 만들었으며, 모음은 하늘·땅·사람의 모양을 본떠 만들었다.

The Korean alphabet (Hangeul) consonants reflect the shapes of human speech organs, such as the shape of the lips and the position of the tongue, while vowels are designed based on the shapes of heaven, man and earth.

韩文的辅音模仿了人的发音器官的形状设计的，元音模仿了天·地·人的形状设计的。

40 정답 ④

'잘 먹겠습니다.'는 식사 전에 하는 인사말이고, '안녕히 주무세요.'는 자기 전에 하는 인사말이다.

"잘 먹겠습니다." (Thank you for the meal.) is a phrase used before eating and "안녕히 주무세요." (Good night.) is a phrase used before going to bed.

"잘 먹겠습니다."（我会好好享用。）是用餐前的寒暄语，而 "안녕히 주무세요."（晚安。）是睡觉前的寒暄语。

41 정답 ④

한국에서는 태어난 아이의 첫 번째 생일을 '돌'이라고 한다. 그리고 첫 번째 생일을 기념하는 '돌잔치'를 한다. 그리고 돌잔치에서는 여러 가지 물건을 올려놓은 돌상을 차려 아이가 마음대로 골라잡으며 아이의 미래를 추측하는 행사가 있는데 이를 '돌잡이'라고 한다.

In Korea, a child's first birthday is called, '돌' while the first birthday celebration is called, '돌잔치'. The celebration involves preparation of a table with food and various objects is called, '돌상'. During, '돌잡이' the child is encouraged to choose an object on the table, such as a mic (to be a singer), stethoscope (to be a doctor), money (to be rich), etc. The chosen object is said to predict the child's future or fortune.

在韩国，婴儿的第一个生日被称为 "돌"，并为纪念第一次生日举行 "돌잔치"。在 "돌잔치" 中，会准备一个 "돌상"，上面摆放各种物品，让孩子随意挑选，以此来预测孩子未来的职业等，这个活动被称为 "돌잡이"。

42 정답 ②

① 한옥: 한국의 전통 집
Hanok: Korean traditional house
韩屋: 韩国传统房屋

② 온돌: 한국의 전통 난방 방식
Ondol: Korean traditional floor heating method
火炕: 韩国传统的地暖方式

③ 보일러: 한국의 현대 난방 방식
Boiler: Korean modern floor heating method
锅炉: 韩国现代的取暖方式

④ 대청마루: 한옥에서 방과 방 사이에 있는 큰 마루
Daecheongmaru: A large floor place between rooms of the hanok
大厅地板: 从韩屋到房间之间的大地板

43 정답 ④

한국의 남쪽에 있는 가장 큰 섬은 제주도이다.
Jeju is the largest island in the southern part of South Korea.
在韩国南部最大的岛屿是济州岛。

44 정답 ①

1년을 24개로 나누어 계절의 표준이 되는 것을 '절기'라고 한다.
'절기' refers to the 24 subdivisions of the seasons in a year.
将一年分成24个部分，用来标记季节的标准称为"节气"。

45 정답 ②

추석에는 그해 농사가 풍요롭게 잘 되어 감사하다는 의미로 송편을 만들어 먹는다.
설날에는 떡국, 동지에는 팥죽을 먹으며, 정월 대보름에는 부럼을 깨문다.
송편 is traditionally made and eaten on 추석 as a way to express gratitude to the ancestors
for the year's abundant harvest. 떡국 is eaten on 설날, 팥죽 is eaten on 동지, and 부럼 is
eaten on 정월 대보름.
在中秋节，为了感谢丰收，人们会制作并食用松饼。春节吃年糕汤，冬至吃红豆粥，元宵节
吃부럼。

46 정답 ②

한국에서 축하하는 뜻을 나타내기 위해 내는 축의금은 흰 봉투에 넣는다.

In Korea, congratulatory money is placed in a white envelope to celebrate one's achievements or milestones and is also given to express good wishes.

在韩国，为了表示祝贺而缴纳的礼金会放在白色信封里。

축의금: 축하하는 뜻으로 내는 돈

money given during celebrations like birthdays, graduations, etc.

为表示祝贺而缴纳的钱

조의금: 다른 사람의 죽음을 슬퍼하는 뜻으로 내는 돈

money given at funerals

用于表示对他人去世的哀悼的金钱

47 정답 ④

일정 기간 정해진 금액을 은행에 맡기는 것을 '적금'이라고 한다. 이때 은행에 맡긴 돈은 이자가 붙어서 더 큰 돈이 되는데 적금의 이율은 은행마다 다르고, 가입 기간이나 넣는 금액에 따라서도 달라진다. 보통 가입 기간이 길면 길수록 이자가 더 늘어난다.

'Installment savings' (적금) involves depositing a fixed amount monthly with a bank. These payments help your balance grow over time. Interest rates vary by bank and depend on the subscription period and amount deposited. Generally, longer subscription periods yield higher interest rates.

定期将固定金额存入银行的存款称为"零存整取储蓄"（적금）。这笔钱在存款期间会产生利息，期满后连同利息一起取出。存款利率因银行而异，并且根据存款期限和金额的不同也会有所不同。通常存款期限越长，利息越高。

적금: 금융 기관에 일정 금액을 일정한 기간 동안 때마다 낸 다음에 가입 기간이 끝나면 이자와 함께 받는 저금

It refers to funds deposited with a bank for a specific period, which are eventually returned with interest at the end of the term.

向金融机构支付一定的金额一段时间后，在加入期间结束后与利息一起收取的存款。

48 정답 ④

국회의원, 지방자치 단체장, 지방의회 의원의 임기는 4년이지만 대통령의 임기는 5년이다.

Office term for the National Assembly, local government heads, and local councilman serve four years, while the office of the President serves 5 years.

国会议员、地方自治团体首长和地方议会的任期是4年，而总统的任期是5年。

49 (학교)생활기록부

학교 교육에서 학생을 올바르게 알고 지도하기 위하여 참고할 만한 사항을 적은 장부를 (학교)생활기록부라고 한다.

A student record contains student's information at an educational institution. This serves as guide and accurately know the student's personal information, academic performance, medical information, disciplinary records, etc.

在学校教育中，用于了解和指导学生的参考资料被称为(学校)生活记录簿。

50 일어날 정도로

동사/형용사+-(으)ㄹ 정도로: 뒤에 오는 행동이나 상태가 앞말과 비슷한 정도를 나타낼 때 사용한다.

This grammar pattern expresses the degree or extent of an action or state that follows us related to the previous sentence.

用于表示后面的行为或状态与前面的话相似的程度。

01-02

　　일상생활 속에서 건강을 유지하기 위해서는 먼저 균형 잡힌 식단이 중요하다. 즉 영양소를 골고루 섭취해야 한다. 너무 짜거나 단 음식은 많이 먹지 않는 것이 좋고, 채소와 과일은 많이 먹는 것이 좋다. 특히 당근은 눈 건강에 좋고, 오렌지나 귤은 피로회복에 좋다. 다음으로 충분한 수면을 취해야 한다. 성인은 하루 7~8시간의 수면이 필요하다. 잠을 충분히 자기 위해서는 자기 전에 커피보다 따뜻한 우유를 한 잔 마시거나 따뜻한 물로 샤워하는 것이 좋다.

01 위의 글을 소리 내어 읽어 보세요.

Read the article loudly.

请大声朗读以上内容。

Tip 발음의 정확성, 띄어 읽기, 유창성, 속도 등에 유의하며 읽습니다.

02 1) 건강에 좋은 음식은 뭐예요?

What are some healthy foods?

对健康有益的食物是什么?

예 건강에 좋은 음식은 채소와 과일입니다. 특히 당근은 눈 건강에 좋고, 오렌지나 귤은 피로회복에 좋습니다.

2) 충분한 수면을 위해서 자기 전에 어떻게 해야 해요?

What are some things do to be able to sleep well at night?

睡前如何才能睡得好?

예 커피보다 따뜻한 우유를 한 잔 마시거나 따뜻한 물로 샤워를 하는 것이 좋습니다.

03 1) _____ 씨는 건강한 생활을 위해 무엇을 하는지 말해 보세요.

What are some of the healthy lifestyle practices you follow in your daily life?

请谈一谈您为了健康做了什么。

예 여러 영양소를 섭취할 수 있도록 음식을 골고루 먹고, 충분한 수면을 취합니다.

2) _____ 씨의 건강을 위해 자주 먹는 음식을 말해 보세요.

What are some foods you usually eat to stay healthy?

请谈一谈您为了健康经常吃的食物。

Tip 본인이 건강을 위해 특별히 먹는 음식을 말하면 됩니다.

04 한국의 여러 국경일 중 하나를 선택하여, 그날은 어떤 날이며 무슨 의미가 있는지 말해 보세요.

There are several national holidays in Korea where the national flag is displayed. Choose one and explain its significance to the country.

韩国在国庆日悬挂太极旗。国庆日有很多，请选一天并说明其意义。

예 한국의 주요 국경일과 그 의미는 다음과 같습니다.

1. 삼일절(3월 1일): 1919년 3월 1일, 일본의 식민지 지배에 항거하여 일어난 독립운동을 기념하는 날입니다.
2. 현충일(6월 6일): 국가를 위해 목숨을 바친 순국선열을 기리는 날입니다.
3. 광복절(8월 15일): 1945년 8월 15일, 일본의 식민지 지배에서 해방된 것을 기념하는 날입니다.
4. 개천절(10월 3일): 단군왕검이 고조선을 건국한 날로, 한국의 역사와 민족의 뿌리를 기념하는 날입니다.
5. 한글날(10월 9일): 세종대왕이 한글을 창제한 것을 기념하는 날입니다.

05 1) 헌법에서 한국은 민주주의 국가입니다. 헌법 제1조 제1항을 말해 보세요.

According to the constitution, Korea is a democratic country. Recite Chapter 1, Article 1 of the Constitution.

韩国宪法中明确规定为民主国家。请说出宪法第1章第1条的内容。

예 대한민국은 민주공화국입니다.

2) 민주공화국의 의미를 말해 보세요.

Explain the meaning of Democratic Republic.

大韩民国被称为民主共和国，请说明民主共和国的含义。

예 국민이 주권을 가지며, 선거를 통해 대표자를 선출하고 헌법과 법률에 따라 운영되는 국가체제를 말합니다.

01	02	03	04	05	06	07	08	09	10
①	④	②	②	①	③	④	④	①	②
11	12	13	14	15	16	17	18	19	20
④	②	④	②	④	①	③	①	③	①
21	22	23	24	25	26	27	28	29	30
①	②	④	③	③	①	④	②	④	④
31	32	33	34	35	36	37	38	39	40
①	①	③	④	④	④	③	④	①	②
41	42	43	44	45	46	47	48		
③	②	①	④	①	④	①	③		
49					50				
쓸 만해요, 사용할 만해요					가자마자				

01 정답 ①

사진 속의 사람은 지금 수업을 듣고 있으므로 정답은 '공부해요'이다.

The picture shows a person studying in a classroom.

照片中的人正在上课，因此答案是"在学习"。

02 정답 ④

명사+부터 명사+까지: 시작과 끝을 나타낼 때 사용한다.

This grammar pattern is used after words indicating a starting point and an end point.

用于表示开始和结束的时间。

03 정답 ②

① 많다, many, 多 ↔ 적다, few, 少
② 크다, big, 大 ↔ 작다, small, 小
③ 짧다, short, 短 ↔ 길다, long, 长
④ 좁다, narrow, 窄 ↔ 넓다, wide, 宽

04 정답 ②

① 빨리, fast, 快 ↔ 천천히, slow, 慢

② 조금, few, 点儿 ↔ 많이, many, 多

③ 일찍, early, 早 ↔ 늦게, late, 晚

④ 아직, (not) yet, 还 ↔ 벌써, already, 已经

05 정답 ①

공으로 할 수 있는 운동으로 '농구, 축구, 야구, 배구' 등이 있다.

Ball-based sports include basketball, soccer, baseball, volleyball, etc.

可以用球做的运动有 "篮球、足球、棒球、排球" 等。

06 정답 ③

항상, always, 一直	자주, often, 经常	가끔, sometimes, 有时	거의, rarely, 几乎从不	전혀, never, 完全
100%		➡		0%

07 정답 ④

① 깨끗하다/깔끔하다, clean, 干净/整洁 ↔ 더럽다/지저분하다, dirty, 脏/乱

② 편리하다, convenient, 方便 ↔ 불편하다, inconvenient, 不方便

③ 시원하다, cool, 凉爽 ↔ 따뜻하다, hot, 热

④ 한적하다, tranquil/peaceful, 安静 ↔ 복잡하다, complicated/chaotic, 复杂

08 정답 ④

① 타다, get on/get in, 乘坐 ↔ 내리다, get off/get out, 下车

② 없다, lack, 没有 ↔ 있다, have, 有

③ 얕다, shallow, 浅 ↔ 깊다, deep, 深

④ 내려가다, go down, 下去 ↔ 올라가다, go up, 上来

09 정답 ①

① 비용: 어떤 일을 하는 데 드는 돈

② 임금: 일을 한 대가로 받는 돈

③ 일당: 하루에 일한 대가로 받는 돈

④ 수당: 정해진 돈 외에 추가로 따로 받는 돈

① cost: An amount of money that has to be paid for work or services

   费用: 做某事所花的钱

② wage: A payment earned for work or services

   工资: 干活的代价得到的钱

③ Daily wage: pay on a daily basis

   日薪, 日工资: 以一天为单位支付的工资

④ allowance: Money given to employees apart from their regular compensation

   津贴: 除固定工资外的额外收入

10 [정답] ②

신분증을 잃어버리면 분실 신고를 한 후에 다시 만들어야 한다.

In case of losing a national ID, it is necessary to file a report and apply for a new one.

身份证丢了要挂失后再办理。

11 [정답] ④

형용사+-(으)ㄴ: 뒤에 오는 명사를 꾸미고, 명사의 특징이나 상태를 나타낼 때 사용한다.

This grammar pattern is used to modify the noun that follows and describes its characteristic or state.

修饰后面的名词, 用于表示名词的特征或状态。

차지하다: 일정한 공간이나 비율을 이루다.

take up a certain space or proportion.

占据一定的空间或比例。

12 [정답] ②

① **주문:** 어떤 물건을 만들거나 파는 사람에게 그 물건의 종류, 수량, 모양, 크기 등을 말해 주고 그렇게 만들거나 보내어 달라고 하는 부탁

② **교환:** 어떤 것을 다른 것으로 바꿈

③ **환불:** 이미 낸 돈을 되돌려줌

④ **결제:** 돈을 내어주고 거래를 끝냄

① order: Is a request made by the buyer specifying the type, quantity, shape, size, etc., of the item they want to receive, which the seller must fulfill accordingly

订购：向制造或出售某物的人告知该物品的种类、数量、形状、大小等，并请求按此制造或发送的行为

② exchange: Giving and receiving something else in return

交换：将某物换成其他东西

③ refund: Returning the money that has been paid

退款：退回已经交的钱

④ payment: Giving money in exchange for goods or services

结账：支付款项并完成交易

13 정답 ④

'주로'와 비슷한 단어는 '대부분'이다.

'Mainly' is the similar to 'mostly'.

与"主要"相似的单词是"大部分"。

대부분: 절반이 훨씬 넘어 전체에 가까운 수나 양

a number or quantity that's over half and close to the whole

超过一半，接近整体的数量

14 정답 ②

'열리다'와 비슷한 단어는 '개최하다'이다.

'Open' is the similar to 'hold'.

与"打开"相似的词是"举办"。

열리다: 어떤 일의 중요한 기회나 조건이 새롭게 마련되다.

establish or begin a new business or an important event.

新的机会或条件被创造出来。

15 정답 ④

동사+-아/어 주다: 남을 위해 어떤 행동을 함을 나타낼 때 사용한다.

This grammar pattern is used to perform an action for someone else.

表示为他人做某事时使用。

예 현지에게 영어를 <u>가르쳐 줬어요</u>.

16 정답 ①

동사/형용사+-게: 뒤에 오는 내용의 정도나 방법 등을 보충할 때 사용한다.

This grammar pattern describes the degree, method or manner of an action.

用于补充显示后面内容的程度或方法等。

예 방이 더러운 것 같아서 깨끗하게 청소했어요.

17 정답 ③

동사/형용사+-(으)ㄹ 때(는): 어떤 행동이나 상황이 일어난 순간이나 동안을 나타낼 때 사용한다.

This grammar pattern indicates the duration or time when an action or a situation occurs.

用于表示某个行为或情况发生的瞬间或期间。

예 밥을 먹을 때(는) 떠들지 마세요.

18 정답 ①

형용사+-(으)ㄴ: 뒤에 오는 명사를 꾸미고, 명사의 특징이나 상태를 나타낼 때 사용한다.

This grammar pattern is used to modify the noun that follows and describes its characteristic or state.

修饰后面的名词，用于表示名词的特征或状态。

예 일찍 자기, 꾸준한 독서와 같이 좋은 습관을 쌓기 위해 노력하고 있습니다.

19 정답 ③

동사+-아/어 보다: 이전의 경험을 말할 때나 시험 삼아 행동함을 나타낼 때 사용한다.

This grammar pattern is used to talk about past experiences, indicate trial actions, and recommend or encourage someone to try and experience something.

表示以前的经验或试着做某事时使用。

예 이것 좀 먹어 보세요.

20 정답 ①

동사/형용사+-도록: 뒤에 나오는 행동의 목적을 나타낼 때 사용한다.

This grammar pattern is used as a connective ending that expresses purpose, degree or manner in which something is done.

表示后面行为的目的。

낫다: 치유가 되어 없어지다.

recover.

病愈、康复，即病情好转直到恢复的状态。

예 길이 미끄러우니까 넘어지지 <u>않도록</u> 조심하세요.

21 　정답 ①

꽤: 예상이나 기대 이상으로 상당히

more than what is expected

超出预期或期待的程度

예 몸이 회복되는 데 시간이 <u>꽤</u> 걸릴 것 같습니다.

22 　정답 ②

동사/형용사+-나 보다, 형용사+-(으)ㄴ가 보다: 어떤 사실이나 상황을 추측함을 나타낼 때 사용한다.

This grammar pattern is used to indicate speculation of a fact or situation.

用来推测某个事实或情况。

예 아기가 배가 <u>고픈가 봐요</u>. 계속 울어요.

23 　정답 ④

ㅂ 불규칙: ㅂ 받침으로 끝나는 형용사나 동사 중 일부는 모음과 만나면 'ㅂ'이 '우'로 바뀐다. 대표적으로 '덥다, 춥다, 어렵다, 쉽다, 맵다, 무겁다, 가볍다' 등이 있다.

Some irregular adjectives or verbs with the final consonant 'ㅂ' changes to '우' when followed by a vowel. Some irregular adjectives are '덥다, 춥다, 어렵다, 쉽다, 맵다, 무겁다, 가볍다', etc.

以 "ㅂ" 结尾的部分不规则形容词或动词在遇到元音时，"ㅂ" 变成 "우"。代表性的有 "热、冷、难、易、辣、重、轻" 等。

예 여름이라 그런지 날씨가 아주 <u>덥네요</u>.

24 　정답 ③

동사/형용사+-(으)ㄹ 텐데: 말하는 사람의 강한 추측을 나타낼 때 사용한다.

This grammar pattern is used to express a strong expectation or assumption and provides background information on a future situation.

表示说话者的强烈推测。

예 내일 같이 가면 <u>좋을 텐데</u> 아쉽네요.

25 정답 ③

동사+-(으)려고 하다: 어떤 일을 할 마음이 있음을 나타낼 때 사용한다.

This grammar pattern is used to express one's intention or purpose to do something.

用于表示有意做某事。

예 내일부터는 일찍 <u>일어나려고 해요</u>.

26 정답 ①

동사+-(으)ㄹ 겸 동사+-(으)ㄹ 겸 (해서): 어떤 행동을 하는 목적이 두 가지 이상일 때 사용한다.

This grammar pattern indicates more than one purpose for an action.

用于表示一个行为有两个或更多的目的。

풀다: 피로나 독기를 없어지게 하다. (= 스트레스를 풀다)

relieve fatigue and detoxify. (= to relieve stress)

消除疲劳或毒素。(= 例如: 释放压力)

예 공부도 <u>할 겸</u> 책도 <u>읽을 겸</u> 도서관에 가려고요.

27 정답 ④

동사/형용사/명사 '이다'+-더니: 과거에 경험하여 알게 된 사실과 다른 새로운 사실이 있을 때 사용한다.

This grammar pattern is used to indicate a contrasting situation.

与过去经历过的事实不同，有新的事实时使用。

예 어제는 눈이 <u>오더니</u> 오늘은 하늘이 맑네요.

28 정답 ②

동사+-는 바람에: 앞에 나타내는 행동이나 상태가 뒤에 오는 말의 원인이나 이유가 됨을 나타낼 때 사용한다.

This grammar pattern shows that the preceding action or state causes the following clause, often implying an unexpected result.

表示前面的行为或状态成为后面结果的原因或理由。

예 늦게 <u>일어나는 바람에</u> 회사에 지각했어요.

29 정답 ④

㉠의 앞뒤 문장을 살펴보면 '식당 안은 손님이 많아서'와 '여전히 길게 줄을 서서 기다리고 있었습니다.' 등의 내용으로 '자리가 없었습니다.'를 쓰는 것이 적절하다.

Sentences before and after ㉠—'There were many customers in the restaurant' and 'was still waiting in long lines' describe that 'there were no seats available'.

㉠ 根据文中的描述，"餐厅里客人很多"和"仍然排着长队等待"等内容，"没有座位。"是合适的表达。

30 정답 ④

외국인등록증은 '출입국 · 외국인청'에서 신청해야 한다.

Registration for Foreign Residence Card (Formerly known as Alien Registration Card or ARC) can be requested at the 'local Immigration and Foreign Office.'

外国人登记证需要在"出入境 · 外国人厅"申请。

31 정답 ①

설날 아침에는 가족과 친척이 모두 모여 차례(제사)를 지내고, 아랫사람이 윗사람에게 세배를 한다. 세배를 받은 윗사람은 아랫사람에게 덕담을 해 주고, 아이들에게는 세뱃돈을 준다.

On the morning of 설날, family members and relatives gather to perform 세배, a bow of respect to the elders. In return, the elders offer blessings and give 세뱃돈, the money given to children as New Year's gifts.

在春节早晨，家人和亲戚们聚在一起进行祭祀，晚辈向长辈行拜年礼。接受拜年的长辈会给予晚辈祝福，并给孩子们红包。

32 정답 ①

이사를 가려는 이유가 '집 주변이 시끄럽고 지하철역도 멀어서'라고 했으므로 소개받은 집이 '조용한 데다가 가까운 거리에 편의 시설이 많아서 마음에 듭니다.'가 적절하다.

The reasons for moving house are 'noisy surroundings and far subway station,' so the appropriate answer should be that the speaker 'likes the house that was introduced because it's quiet and convenient'.

因为搬家的原因是"房子周围很吵，地铁站也很远"，所以介绍的房子"安静而且周围有很多便利设施。"是合适的表达。

33 정답 ③

제품 판매자가 소비자에게 무료로 수리를 약속하는 기간은 '제품 보증 기간'이라고 한다.

'Product warranty period' is the time frame in which the seller promises to repair or replace a product free of charge.

产品销售商承诺免费维修的期限称为"产品保修期"。

34 정답 ④

① 전자 제품 구매 후 구입 일자만 알고 있으면 된다. ➡ 전자 제품을 구입하면 보증 서를 꼼꼼히 살펴봐야 한다.

② 무료로 수리가 가능한 기간은 모든 제품이 동일하다. ➡ 제품 보증 기간은 제품마 다 다르다.

③ 전자 제품의 보증서만 있으면 무조건 수리가 가능하다. ➡ 글에서 알 수 없는 내용 이다.

① Remember only the date of purchase when buying electronic devices. ➡ Read the warranty carefully when purchasing an electronic product.

购买电子产品后，只需知道购买日期即可。➡ 购买电子产品时必须仔细查看保修卡。

② All products come with same warranty period during which you can get repairs free of charge. ➡ The warranty period varies from product to product.

免费维修的期限对所有产品都是相同的。➡ 产品保修期因产品而异。

③ It can be repaired unconditionally with a warranty. ➡ Not mentioned in the text.

仅有电子产品的保修卡就能进行无条件维修。➡ 这一点在文章中没有说明。

35 정답 ④

'휴일 지킴이 약국'은 주말과 휴일에도 사람들이 필요한 약을 구입할 수 있도록 문을 연다.

People can buy needed medicine even on weekends and holidays at the '휴일 지킴이 약국(Holiday Saver Pharmacy)'.

"假日守护药店"开门营业，让人们在周末和假日也能买到需要的药。

36 정답 ④

'어제 된장찌개를 만들었는데 친구들이 맛있다고 칭찬해 주었다'고 했기 때문에 '친구들이 내가 만든 된장찌개가 맛있다고 했습니다.'가 적절하다.

The phrases 'made soybean stew yesterday' and 'friends complimented me that soybean stew is delicious' support the answer, "My friends said that the soybean stew I made was delicious."

由于"昨天做了豆酱汤，朋友们称赞味道好"，所以"朋友们说我做的豆酱汤很好吃。"是合适的表达。

37 정답 ③

한국소비자원은 소비자의 권리와 이익을 지키는 기능을 한다. 한국소비자원의 기능과 역할에 대해 설명하는 내용이다.

The Korea Consumer Agency (KCA) functions to protect the rights and interests of the consumer. Therefore, the passage explains the functions and roles of the KCA.

韩国消费者院的功能是保护消费者的权利和利益。这篇文章是关于韩国消费者院的功能和角色的描述。

38 정답 ④

환경오염을 줄이기 위해서 어떤 노력이 필요한지에 대해 설명하는 글이므로 '환경오염을 줄이기 위한 노력'이 적절하다.

The article explains what efforts are needed to reduce environmental pollution. Therefore, 'effort to reduce environmental pollution' is the appropriate answer.

由于文章讲述了为了减少环境污染所需要的努力，因此"为了减少环境污染的努力"是合适的表达。

39 정답 ①

추석에는 가족들이 함께 송편을 빚어서 먹는다. 송편을 예쁘게 빚으면 예쁜 자식을 낳는다고 하였다.

추석 is one of the major holidays in Korea when the families make and eat 송편. It is said that beautifully made 송편 will produce beautiful offspring.

在中秋节，家人们一起制作并吃松饼。制作漂亮的松饼被认为会生出漂亮的孩子。

40 정답 ②

부모와 자녀의 촌수는 일촌이다.

Parents and children are first-degree relatives.

父母与子女的亲属关系称为 "일촌" （一寸）。

41 정답 ③

대중교통 이용 장려를 위해 '버스전용차로 제도, 버스 도착 안내 서비스, 버스 환승 할인 제도' 등 다양한 정책을 시행하고 있다.

In order to encourage people to use public transportation, policies like the 'bus-only lane system, bus arrival information service,' and 'bus transfer discount' are being implemented.

为了鼓励乘坐公共交通，实施了多项政策，包括 "公交专用车道制、公交到达提示服务、公交换乘优惠制度" 等多种政策。

42 정답 ②

국민의 4대 의무로 '납세의 의무, 국방의 의무, 근로의 의무, 교육의 의무'가 있다.

The four major obligations for South Koreans are 'Tax Obligation, National Defense Obligation, Labor Obligation,' and 'Educational Obligation.'

国民的四大义务是 "纳税义务、国防义务、劳动义务、教育义务"。

43 정답 ①

설날을 맞이하여 아이들에게 옷이나 신발을 새로 사서 입히는 것을 '설빔'이라고 한다.

Buying children new clothes to wear or shoes to put on when welcoming the New Year is called '설빔'.

在春节时，为了迎接新年，会为孩子们购买新衣服或鞋子，这称为 "春节新衣"。

44 정답 ④

과거 농촌에서는 두레나 품앗이처럼 서로 의지하고 돕는 상부상조의 풍습이 있었다.

두레 or 품앗이 were traditional customs in the rural of Korea that emphasized mutual support and cooperation among the community members.

在过去的农村里，有像 "두레" 或 "품앗이" 那样互相依靠、互相帮助的风俗。

상부상조: 서로서로 돕다.

helping each other.

互相帮助。

45 정답 ①

떡국은 설날에 먹는 음식이다.

It's a tradition to eat 떡국 during 설날.

年糕汤是春节时吃的食物。

46 정답 ④

대한민국의 권력은 국민으로부터 나온다.

The power of the Republic of Korea emphasizes that the authority and legitimacy of the government comes from the will of its citizens.

大韩民国的权力来自于人民。

47 정답 ①

① **월급**: 한 달마다 일한 대가로 받는 돈
③ **수당**: 정해진 금액 외에 추가로 받는 돈
④ **연봉**: 일 년 동안 정기적으로 받는 돈의 총액

① monthly salary: The amount of money an employee receives for their work over the course of a month

月薪: 每个月工作得到的报酬

③ allowance: An additional money that an employee receives on top of their regular salary

津贴: 除了固定收入外的额外报酬

④ annual salary: The total amount of money an employee receives over the course of a year

年薪: 一年内定期收到的总金额

48 정답 ③

지구 온난화로 아마존에는 가뭄이 찾아와 물고기가 떼죽음을 당하기도 했다. 아마존에 더 이상 어떤 생명도 살 수 없는 것은 아니다.

Global warming has caused significant droughts in the Amazon, leading to the death of many fish and other wildlife. However, it doesn't mean that nothing can survive in the Amazon anymore.

由于全球变暖，亚马逊地区发生了干旱，导致大量鱼类死亡。亚马逊地区并不是再也无法容纳任何生命的地方。

49 쓸 만해요, 사용할 만해요

동사+-(으)ㄹ 만하다: 어떤 행동을 할 가치가 있음을 나타낼 때 사용한다.

This grammar pattern indicates something is worth doing or deserves a particular action.

用于表示某种行为是可能的或有价值的。

50 가자마자

동사+-자마자: 앞의 동작이 이루어지고 난 후에 바로 뒤의 사건이나 동작이 일어남을 나타낼 때 사용한다.

This grammar pattern indicates that another action occurs immediately right after the first action.

表示前面的动作完成后，紧接着发生后面的事件或动作。

01-02

한국에서는 대중교통을 이용할 때 공공 예절을 매우 중요하게 생각한다. 대중교통 이용 시 지켜야 할 공공 예절이 몇 가지 있는데, 우선 '줄 서기'가 있다. 승차 시에는 질서를 지켜 줄을 서야 한다. 먼저 내리는 사람이 우선이므로, 승객이 모두 내린 후에 승차해야 한다. 그리고 교통 약자석은 노약자, 임산부, 장애인, 어린이에게 양보해야 한다. 또한 대중교통 내에서는 통화나 대화는 조용히 해야 하고, 음악 감상이나 영상 시청 시에는 이어폰을 사용해야 한다. 공공 예절을 잘 지킨다면 모두가 더욱 쾌적하고 안전하게 대중교통을 이용할 수 있을 것이다.

01 **위의 글을 소리 내어 읽어 보세요.**

Read the article loudy.

请大声朗读以上内容。

Tip 발음의 정확성, 띄어 읽기, 유창성, 속도 등에 유의하면서 읽습니다.

02 **1) 한국의 대중교통을 이용할 때는 어떻게 해야 하나요?**

What should you keep in mind when taking the subways and buses?

在韩国使用地铁和公交车等公共交通时应该怎么做？

예 공공 예절을 잘 지켜야 합니다. 대중교통 안에서 통화나 대화는 조용히 하고, 음악 감상이나 영상 시청은 이어폰을 사용해야 합니다.

2) 교통 약자석에는 누가 앉을 수 있나요?

Who sits at the designated priority seats on subways and buses?

地铁和公交车等交通工具上的弱势群体座位上，谁可以坐？

예 노약자, 임산부, 장애인, 어린이가 앉을 수 있습니다.

03 1) _____ 씨가 알고 있는 한국의 공공 예절에는 또 어떤 것이 있는지 말해 보세요.

Tell us more about public manners or etiquette?

请谈谈您所知道的其他公共礼仪。

Tip 본인이 알고 있는 공공 예절에 대해 말하면 됩니다.

2) _____ 씨 고향에서 지켜야 하는 공공 예절에는 무엇이 있는지 말해 보세요.

Tell us about public manners or etiquette that should be observed in your hometown?

请谈谈在您的家乡需要遵守哪些公共礼仪。

Tip 본인의 고향에서 지켜야 하는 공공 예절에 대해 말하면 됩니다.

04 수도권에는 유명한 명소와 축제가 많이 있습니다.

There are plenty of attractions and famous festivals in the Seoul Metropolitan area.

首都圈有许多名胜和著名的庆典。

1) 수도권의 명소 중 가 본 곳이 있으면 어떤 곳인지 소개해 보세요.

Name any attractions in the metropolitan area, if you've been to one.

如果您去过首都圈的名胜，请介绍一下您去过的地方。

예 청와대는 대통령이 집무를 보며 거주하던 곳으로 현재는 국민에게 개방되어 있는 유명한 장소입니다.

2) 수도권의 축제에 참여해 본 적이 있거나 알고 있는 축제를 소개해 보세요.

Name a festival that you have participated in or a famous festival that you know.

如果您参加过首都圈的庆典或有著名的庆典，请介绍一下。

예 고양 국제꽃박람회는 매년 봄에 경기도 고양시에서 열리는 축제로 국내 최대 규모의 꽃 축제입니다.

05 **환경오염에는 어떤 종류가 있는지 말하고, 환경오염의 해결 방법을 말해 보세요.**

Name the types of environmental pollution problems and its potential solutions.

环境污染有哪些种类，并请谈谈解决因环境污染而产生的问题的方法。

예 환경오염에는 수질오염, 대기오염, 토양오염 등이 있습니다. 환경오염의 해결 방법은 다음과 같습니다.

첫째, 수질오염은 인간의 활동으로 발생한 폐수가 강과 바다 등으로 흘러가 물이 오염되는 경우입니다. 하천, 강, 바다의 물을 깨끗하게 유지하기 위해 폐수 처리 시설을 개선해야 하고, 공장이나 가정에서는 유해 물질 배출을 줄여야 합니다.

둘째, 대기오염은 공장의 매연이나 자동차의 배기가스 등 인간의 활동으로 공기가 오염되는 경우입니다. 깨끗한 공기를 위해 자동차나 공장에서 나오는 가스를 규제해야 하고, 대신 태양광이나 풍력 등의 친환경 에너지를 사용할 수 있도록 친환경 에너지를 개발해야 합니다.

셋째, 토양오염은 쓰레기나 농약 등 환경에 나쁜 폐기물을 버려서 땅이 오염되는 경우입니다. 농약 사용을 줄이고, 유해 폐기물 관리를 철저히 하여 오염된 땅을 복원시켜야 합니다.

넷째, 감각공해는 일상생활 속에서 미각·후각·시각·청각 등 인간의 감각을 통해 감지되는 공해입니다. 늦은 밤 전광판의 조명이나 층간 소음, 쓰레기에서 풍기는 악취 등이 감각공해에 해당됩니다. 이를 줄이기 위해서는 이웃을 배려하는 개인의 노력과 정부 차원의 정책이 필요합니다.

정답 및 해설

01	02	03	04	05	06	07	08	09	10
②	③	③	④	④	③	③	①	②	③
11	12	13	14	15	16	17	18	19	20
①	④	③	①	②	③	①	①	②	④
21	22	23	24	25	26	27	28	29	30
③	③	②	①	②	②	②	①	④	④
31	32	33	34	35	36	37	38	39	40
③	②	④	④	②	④	①	④	③	②
41	42	43	44	45	46	47	48		
②	④	②	③	③	③	③	②		
49					50				
공공장소					만들면				

01 정답 ②

사진 속의 사람은 수영을 하고 있으므로 정답은 '수영해요'이다.

The picture shows a person swimming.

因为照片中的人正在游泳，所以正确答案是"游泳"。

02 정답 ③

명사+에서: 어떤 행위나 동작이 이루어지는 장소를 나타낼 때 사용한다.

This grammar pattern is used to indicate a place where an action takes place.

用于表示某个行为或动作发生的场所。

03 정답 ③

① 더럽다/지저분하다, dirty, 脏/乱 ↔ 깨끗하다/깔끔하다, clean, 干净/整洁

② 불편하다, uncomfortable, 不方便 ↔ 편하다, comfortable, 方便

③ 가볍다, light, 轻 ↔ 무겁다, heavy, 重

④ 창피하다, to be shy, 羞愧 ↔ 당당하다/떳떳하다, to be confident, 自信/光明正大

04 정답 ④

① · ④ 넣다/입금하다, to put/deposit, 放入/存款 ↔ 찾다/출금하다, to get/withdraw, 取出/取款

② 보내다, send, 发送 ↔ 받다, receive, 接收

③ 바꾸다, change, 改变 ↔ 유지하다, maintain, 保持

05 정답 ④

공부를 할 수 있는 장소는 '도서관'이다.

'Library' is a place where you can study.

可以学习的地方是 "图书馆"。

06 정답 ③

편식하다: 어떤 특정한 음식만을 가려서 즐겨 먹다.

someone who eats in a particular way or enjoys eating particular kinds of food.

只吃某种特定的食物。

골고루: 두루 빼놓지 않고

not leaving anything out

均衡地，全面地，不落下全部

07 정답 ③

'시간이 있어요.'는 '한가해요'와 비슷한 의미이고, '시간이 없어요.'는 '바빠요'와 비슷한 의미이다. '시간이 있어요?'라는 물음에 '아니요'라고 대답했으므로 시간이 없다는 의미의 '바빠요'가 적절하다.

'I have time.' and 'I'm free' have similar meanings, meanwhile, 'I have no time' and 'I'm busy' have similar meanings, too. Since the speaker answered 'no' to the question 'Do you have time?' this implies that the speaker is 'busy'.

"有时间" 的意思类似于 "很闲"，而 "没有时间" 的意思类似于 "忙"。所以当被问到 "你有时间吗？" 时，回答 "没有" 的意思是 "很忙"，因此使用 "忙" 是合适的。

08 정답 ①

① 부족하다, insufficient, 不足 ↔ 충분하다, sufficient, 充分

② 어렵다, difficult, 难 ↔ 쉽다, easy, 容易

③ 나빠지다, get worse, 变坏 ↔ 좋아지다, get better, 变好

④ 즐겁다, fun, 享受 ↔ 괴롭다, distressing, 不舒服/折磨

09 정답 ②

아이가 태어나면 구청이나 행정복지센터에 가서 출생 신고를 해야 한다.

When a child is born, parents are required to register the birth at the local district office or the administrative welfare center.

孩子出生后，必须去区厅或行政福利中心进行出生登记。

10 정답 ③

동사/형용사+-(으)려면: 어떤 일을 이루기 위한 조건을 나타낼 때 사용한다.

This grammar pattern is used to indicate a condition required to accomplish or achieve a specific goal.

用于表示为了实现某事的条件。

취업하다: 일정한 직업을 잡아 직장에 나가다.

get regular job and do to work.

找到一个职业并去上班。

11 정답 ①

담다: 어떤 물건을 그릇에 넣다.

fill or place something in a bowl or container.

把物品放进容器里。

12 정답 ④

낭비하다: 재물이나 시간 따위를 아껴 쓰지 않고 마구 쓰다.

waste money or time extravagantly or foolishly.

不节省地随意使用财物或时间。

절약하다: 꼭 필요한 데만 써서 아끼다.

avoid unnecessary waste or expense.

一定需要时才使用。

13 정답 ③

'바꾸다'와 비슷한 단어는 '변경하다'이다.

'Replace' is the similar to 'change'.

与"变更"相似的单词是"改变"。

변경하다: 다르게 바꾸어 새롭게 고치다.

undergo transformation or replacement.

变成其他的或者更新。

14 정답 ①

'늘어나다'와 비슷한 단어는 '증가하다'이다.

'Expand' is the similar to 'increase'.

与"增加"相似的单词是"增多"。

증가하다: 양이나 수치가 늘다.

multiply in quantity or number.

数量或数值变多。

15 정답 ②

동사/형용사+-고: 두 가지 이상의 일을 연결해서 말할 때 사용한다.

This grammar pattern is used to connect two or more actions, states or facts.

用于连接两件或更多的事情。

예 팝콘도 먹고 콜라도 마실 거예요.

16 정답 ③

동사+-(으)ㄹ 수 있다/없다: 어떤 일을 할 수 있는 능력이 있음(또는 없음)을 나타낼 때 사용한다.

This grammar pattern expresses the ability or possibility as well as inability and impossibility of a situation.

表示某种情况或事情的可能性，或是否有能力做某事。

예 매운 음식을 먹을 수 있어요?

17 정답 ①

형용사+-(으)ㄴ: 뒤에 오는 명사를 꾸미고, 명사의 특징이나 상태를 나타낼 때 사용한다.

This grammar pattern is used to modify the noun that follows and describes its characteristic or state.

修饰后面的名词，用于表示名词的特征或状态。

예 어제 멋진 가방을 샀어요.

친하다: 다른 사람과 사귀어 가깝다.

be familiar or to have intimacy with somebody.

与其他人交往，变得亲密。

18 정답 ①

동사/형용사+-(으)ㄴ/는데: 뒤에 이어지는 내용에 대한 배경이나 상황을 설명할 때 사용한다.

This grammar pattern explains the background or situation of the following clause, phrase, or sentence.

用于说明后面内容的背景或情况。

예 나는 이 치마가 좋은데 너는 어때?

19 정답 ②

동사+-(으)라고 하다: 다른 사람에게서 들은 명령의 내용을 전달할 때 사용한다.

This grammar pattern is used to quote a command heard from another person.

用于传达从别人那里听到的命令内容。

예 재영이가 오늘까지 자료를 보내달라고 했어.

20 정답 ④

동사/형용사+-(ㄴ/는)다고 하다, 명사 '이다'+(이)라고 하다: 주로 다른 사람에게서 들은 내용이나 정보를 전달할 때 사용한다.

This grammar pattern delivers information that is heard from others.

主要用于传达从别人那里听到的内容或信息。

예 그 공연은 다음 주부터 시작된다고 해요.

21 정답 ③

동사+-다시피: 듣는 사람이 이미 알고 있는 것과 같은 내용임을 나타낼 때 사용한다.

This grammar pattern indicates that the listener is aware of the information being given.

表示听者已经知道的内容。

알리다: 전하여 알게 하다.

let someone know.

传达信息，使对方知道。

예 보다시피 저희 이모는 키가 많이 커요.

22 정답 ③

동사/형용사+-(으)ㄹ 정도로: 뒤에 오는 행동이나 상태가 앞말과 비슷한 정도임을 나타낼 때 사용한다.

This grammar pattern expresses the degree or extent of an action or state that follows us related to the previous sentence.

用于表示后面的行为或状态与前面的话相似的程度。

예 물이 믿기지 않을 정도로 깨끗해요.

23 정답 ②

가리키다: 어떤 사람이나 사물을 여럿 중에서 특별한 대상으로 정하거나 목표로 삼다.

indicate a specific person or object among many.

指定或指向某个人或事物作为特定对象或目标。

가르치다: 배우게 하거나 알도록 하다.

impart knowledge.

教导或使了解。

예 저는 학교에서 영어를 가르쳤어요.

24 정답 ①

동사+-느라고: 앞 내용이 뒤 내용의 이유나 원인이 됨을 나타낼 때 사용한다. 주로 '바쁘다, 늦다, 힘들다, 피곤하다, 정신없다' 등의 부정적인 결과를 의미하는 동사와 함께 쓴다.

This grammar pattern is used to give a reason for the cause of the preceding clause. It is mainly used with verbs that mean negative results such as 'busy, late, hard, tired, hectic', etc.

用于表示前面内容是后面内容的原因或原因。主要和表示"忙、晚、辛苦、疲倦、忙乱"等负面结果的动词一起使用。

예 잠을 자느라고 전화를 못 받았어요.

25 정답 ②

동사/형용사＋-기는요: 상대방의 말을 가볍게 부정하거나 반박할 때 사용한다.

This grammar pattern is used to modestly deny or refute someone's complement or statement.

用于轻微地否定或反驳对方的话。

예 가: 유민 씨 발표 준비를 많이 하셨나 봐요.

　나: 많이 하기는요. 시간이 부족해서 겨우 마무리했어요.

26 정답 ②

동사/형용사＋-았/었던: 과거의 반복된 사건이나 행위, 상태를 회상하거나 과거 행위가 현재까지 지속되지 않음을 나타낼 때 사용한다.

This grammar pattern is used to recall or reminisce repeated events, actions or states that took place in the past and do not continue to the present.

用于回忆过去反复发生的事件或行为，或表示过去的行为至今未继续。

예 이 과자는 제가 어릴 때 자주 먹었던 과자예요.

27 정답 ②

동사/형용사＋-(으)냐고 하다/묻다, 명사 '이다'＋냐고 하다/묻다: 다른 사람이 한 질문을 전달할 때 사용한다.

This grammar pattern is used to quote one's question indirectly.

用于传达他人提出的问题。

예 사장님께서 문자를 보냈냐고 물어봤어요.

28 정답 ①

동사/형용사＋-(으)ㄹ수록: 앞 내용의 상황이나 정도가 더 심해질 경우 뒤 내용의 결과나 상황도 그에 따라 더하거나 덜하게 됨을 나타낼 때 사용한다.

This grammar pattern is used to show that as the situation or degree of the preceding action becomes more intense, the result of the following action also decreases or increases accordingly.

表示前面叙述的情况或程度越严重，后面叙述结果或情况也会相应地更严重或更轻。

예 한국어는 배울수록 점점 어려워져요.

29 정답 ④

'일이 많으면'과 '토요일에도 일을 합니다.'라는 의미는 '일이 많으면 일을 더 해야 한다'는 의미이다. 그러므로 '밤에도 일을 합니다'가 적절하다.

The sentences, 'If there are so many things to do' and 'I also work on Saturdays,' imply that 'I have to work more'. Therefore, 'I also have to work at night' is the appropriate answer.

"如果工作多"和"周六也要工作"的意思是"如果工作多，就得多干活"，因此"晚上也要工作"是合适的。

30 정답 ④

앞 문장에서 '병원은 오전에는 사람이 많고'라고 하였으므로 이와 연결할 수 있는 단어로 '복잡하다'가 적절하다.

The previous sentence states, 'There are plenty of people at the hospital in the morning'; therefore, the appropriate answer is 'crowded'.

前中提到"医院在上午人多"，所以与此连接的词"复杂"是合适的。

31 정답 ③

한글은 위에서 아래로, 왼쪽에서 오른쪽으로 쓴다.

Hangeul, the Korean alphabet, is written from top to bottom and from left to right.

韩文从上到下，从左到右书写。

32 정답 ②

동사/형용사+-기로 유명하다, 명사+(으)로 유명하다: 많은 사람이 알 정도로 널리 알려져 있음을 나타낼 때 사용한다.

This grammar pattern is used to indicate that something is widely known for something, to the extent that many people are aware of it.

表示被许多人广泛知道的意思。

33 정답 ④

에스엔에스(SNS): 소셜 네트워크를 형성하여 다른 사람들과 교류할 수 있도록 응용 프로그램이나 누리집 따위를 관리하는 서비스. 엑스(트위터), 페이스북, 인스타그램, 카카오톡 등이 있다.

A service that manages applications or websites to form a social network and interact with others. X (formerly Twitter), Facebook, Instagram, and KakaoTalk are some of the SNS services available today.

是一种管理应用程序或网站服务，通过社交网络与他人交流。有X(Twitter)、Facebook、Instagram、KakaoTalk等。

34 정답 ④

① 손으로 <u>직접 편지를 쓰는 것이 좋다.</u> ➡ 예전에는 다른 사람에게 소식을 전하기 위해 직접 손으로 편지를 쓰거나 전화를 걸어야 했다.

② 전화와 손 편지는 <u>돈이 거의 들지 않는다.</u> ➡ 글에서 알 수 없는 내용이다.

③ 요즘은 이메일과 문자 메시지를 <u>거의 사용하지 않는다.</u> ➡ 이메일이나 문자 메시지보다 SNS로 서로의 소식을 전한다고 하였으나 이는 이메일과 문자 메시지를 거의 사용하지 않는다는 의미는 아니다.

① Handwritten letters are good. ➡ In the past, people communicated through handwritten letters or phone calls.

亲手写信比较好。➡ 以前要传达消息给他人时需要亲手写信或打电话。

② Phone calls and handwritten letters are almost free of charge. ➡ Not mentioned in the text.

打电话和写信几乎不花钱。➡ 文章中未提及。

③ People rarely use e-mail and text messages these days. ➡ As mentioned, people keep in touch through social media rather than e-mail or text messages, but doesn't imply that usage of e-mail and text messages aren't regular.

最近很少使用电子邮件和短信。➡ 虽然说比起电子邮件或短信，更喜欢通过SNS互相传达消息，但这并不意味着很少使用电子邮件和短信。

35 정답 ②

사람들이 사는 곳에서는 크고 작은 갈등과 다툼이 생길 수 있다.

Minor and major conflicts may arise to the places where people live in.

人们居住的地方会出现大大小小的矛盾和争执。

갈등: 서로 이해관계가 달라 대립하거나 충돌을 일으킴

refers to situations where there are oppositions due to divergent ideas, interest or viewpoints.

利益关系相互对立产生的冲突。

다툼: 의견이나 이해가 달라 서로 싸움

argument because of different opinions or interest.

意见或理解不同而吵架。

36 정답 ④

① 체류자격과 가입 제외 나라가 존재하기 때문에 모든 외국인에게 적용되는 내용이 아니다.

② 60세 미만으로서 소득이 있는 사람은 의무적으로 국민연금에 가입해야 한다.

③ 국민의 최저 생활을 보장하기 위해 지원하는 제도는 공공부조이다.

① This statement does not apply to all foreigners because there are exceptions.

由于存在滞留资格和排除国籍，因此这些内容不适用于所有外国人。

② Citizens who are under the age of 60 and have income are required to apply for the National Pension.

60岁未满且有收入的人有义务加入国民年金。

③ Public assistance is a system designed to support individuals and families, ensuring that they meet their basic needs.

为保障国民最低生活而支援的制度是公共扶助。

37 정답 ①

일을 할 때 맡은 일을 중요하게 생각하여 여러 번 확인해서 실수하지 않도록 하는 사람을 설명할 때 '책임감이 강하다'라고 한다. 그리고 어려운 사람을 보면 도움을 주고 싶은 마음이 쉽게 생기는 사람을 설명할 때는 '동정심이 많다'라고 한다.

A 'highly responsible' person is someone who considers their job important and always double-checks their work to ensure it's error-free. Contrarily a 'compassionate' person is someone who is always inclined to help those in need.

当描述在工作时重视所承担的工作，并多次确认以避免错误的人时，可以说"责任感很强"。而描述看到有困难的人时，很容易产生帮助他们的想法的人时，可以说"同情心多"。

38 정답 ④

집의 주변과 집 내부를 살펴보는 등 집을 구할 때 확인해야 할 점에 대해 이야기하고 있다. 그러므로 '집을 구할 때의 확인 사항'이 적절하다.

The text refers to the things that has to be checked when looking for or buying a house. Therefore, 'checklists when looking for a house' is the appropriate answer.

正在谈论找房子时需要确认的事项，包括查看房子周围和房子内部。因此，"找房子时的确认事项"是合适的。

39 정답 ③

과거 통일 신라의 수도로 많은 문화재와 유적이 있는 도시는 '경주'다.

경주(Gyeongju), the capital of 통일 신라 is renowned for it's rich cultural heritage and numerous historical sites.

过去作为新罗的首都，有许多文化遗产和遗迹的城市是"庆州"。

40 정답 ②

부모님 은혜에 감사하는 날은 어버이날이다.

It's Parents' Day to thank their parents for their grace.

感恩父母恩情的日子是父母节。

어버이날(5월 8일): 부모님에 대한 은혜를 생각하자는 뜻으로 만들어진 날

It's a special day dedicated to honor and show gratitude to parents for their love and sacrifices

设立此日是为了让人们感念父母的恩情

41 정답 ②

한국의 고등학교 교육기간은 3년이다.

High school in South Korea takes 3 years to complete.

韩国的高中教育期限是3年。

42 정답 ④

동지는 1년 중 밤이 가장 길고, 낮이 가장 짧은 날이며, 동지에 먹는 대표적인 음식은 팥죽이다.

동지 is the day with the longest night and the shortest day of the year in South Korea. 팥죽 is traditionally eaten on this day as it is believed to ward off evil spirits and bring good luck.

冬至是一年中最短的一天，这天吃的代表性饮食是"팥죽"。

43 정답 ②

광복절(8월 15일)에 대한 설명이다.

The text explains about the Korean Liberation Day (Gwangbokjeol), which is celebrated on August 15th.

这是对光复节(8月15日)的说明。

44 정답 ③

한국에서는 약국이 문을 닫은 야간이나 휴일에도 약을 구입할 수 있도록 편의점에서 해열제, 진통제, 소화제, 감기약, 파스 등을 판다.

Convenience stores in South Korea sell over-the-counter medications, including antipyretics, painkillers, digestive medicine, cold medicine, pain relief patches etc., which can be purchased at night or on holidays when pharmacies are closed.

在韩国，即使在药店关门的夜间或假日，也可以在便利店购买退烧药、止痛药、消化药、感冒药、膏药等。

45 정답 ③

한국에는 '어려울 때는 먼 친척보다 가까운 이웃이 낫다.'라는 속담이 있다. 이 속담의 의미는 어떨 때는 가까운 가족이나 친척보다 먼 이웃사촌이 더 잘 보살펴 주고, 도와주는 일이 많다는 뜻이다. 그러나 현대에는 아파트와 오피스텔에 거주하는 인구가 늘고, 핵가족과 1인 가정 등의 소형 가구가 증가하는 등의 이유로 이웃과의 소통이 끊기고, 이웃사촌의 개념이 사라지고 있다.

In Korea, there's a proverb, 'In times of need, a close neighbor is better than a distant relative.' Which means you can rely more on your neighbors because they can provide immediate help and support, often more effectively than a distant relative in times of need. However, in modern times, communication with neighbors is cut off due to the increase in the number of people living in apartments and officetels, and the increase in small households such as nuclear families and single-person families, and the concept of neighbors is disappearing.

韩国有句俗语："困难时远亲不如近邻。"这句俗语的意思是有时比亲戚，邻居更能照顾和帮助你。但现代居住在公寓和写字楼的人口增加，核心家庭和一人家庭等小型家庭增加等原因导致与邻居的沟通中断，邻居的概念正在消失。

이웃사촌: 서로 이웃하여 다정하게 지내면서 사촌과 같이 가깝게 된 이웃

neighbors having a close, familial-like relationship as if they were cousins

虽然是外人，但因为邻居关系亲近，就像亲戚一样亲近的邻居

46 정답 ③

한국 학생들의 대학교 진학률은 70%로 OECD 회원국 중에서 가장 높은 비율을 차지한다. 이러한 결과로 한국은 교육열이 높은 나라임을 알 수 있다.

The university enrollment rate of Korean students is 70%, which is the highest among the OECD member countries. This indicates that the country places a strong emphasis on education with its high educational fervor.

韩国学生的大学升学率为70%，在OECD成员国中占最高比例。由此可以看出韩国是个教育热情高涨的国家。

47 정답 ③

민주주의: 주권이 국민에게 있고 국민을 위한 정치를 지향하는 사고

민주주의 is a system where the sovereignty of the country lies with the people, and the politics focuses on the benefit of the people

主权在于国民并以为国民服务的政治思想

의사: 마음먹은 생각 (= 뜻, 의도)

thought or intention that one has firmly decided upon (= purpose, intention)

心里下定的想法(= 意图，意念)

48 정답 ②

행정안전부에서 각종 재난이 발생했을 때 이동통신사를 통해 모든 국민에게 재난을 알리는 문자를 보낸다.

The Ministry of the Interior and Safety is responsible for sending emergency alert messages to all citizens. It ensures that people are quickly informed about emergencies.

在发生各种灾难时，行政安全部通过移动通信公司向全体国民发送灾难预警短信。

49 공공장소

공공장소란 병원, 학교, 지하철역과 같이 여러 사람이나 여러 단체에 공동으로 속하거나 이용되는 곳을 말한다.

The term public place refers to a location where multiple people gather or use together, such as hospitals, schools and subway stations.

公共场所指的是像医院、学校、地铁站一样，供多个人或多个团体共同使用的地方。

50 만들면

동사/형용사+-(으)면: 앞 내용이 뒤 내용의 조건이나 가정이 될 때 사용한다.

This grammar pattern is used when the preceding content serves as an assumption or condition for the following content.

在前面的内容成为后面内容的条件或假设时使用。

01-02

한국인이 사회에서 친목을 도모하기 위하여 참석하는 대표적인 모임에는 '동창회'와 '동호회'가 있다. 동창회는 같은 학교를 졸업한 사람들이 모여 친목을 도모하고 모교와 연락하기 위하여 만들어진 모임이다. 그리고 등산, 악기 연주, 스포츠 등 같은 취미를 가지고 이를 함께 즐기는 사람들의 모임을 동호회라고 한다. 동호회는 보통 학교, 지역, 직장, 인터넷 커뮤니티를 중심으로 만들어진다. 동호회에서는 새로운 사람들을 사귀며 서로의 취미를 공유하는 것은 물론이고, 다양한 정보를 수집하기도 한다.

01 위의 글을 소리 내어 읽어 보세요.

Read the article loudly.

请大声朗读以上内容。

Tip 발음의 정확성, 띄어 읽기, 유창성, 속도 등에 유의하며 읽습니다.

02 1) 동창회는 어떤 모임이에요?

What kind of gathering is 동창회?

什么是同学会？

예 같은 학교를 졸업한 사람들이 모여 서로의 친목을 도모하고 모교와 연락하기 위해 만들어진 모임입니다.

2) 동호회에 가입하면 어떤 점이 좋아요?

What are some of the benefits can you get if you join a club?

加入同好会有什么好处？

예 동호회에 가입하면 취미 활동을 할 수 있는 것은 물론이고 새로운 사람들을 사귀며 다양한 정보를 수집할 수도 있습니다.

03 1) _____ 씨는 한국에서 어떤 동호회에 가입하고 싶은지 말해 보세요.

What kind of club would you like to join in?

请谈谈您想加入什么样的同好会。

Tip 본인이 가입하고 싶은 동호회(운동 동호회, 게임 동호회, 등산 동호회 등)를 말하면 됩니다.

2) _____ 씨의 고향에는 어떤 모임이 있는지 말해 보세요.

What are some of the gatherings you have in your hometown?

请谈谈在您的家乡有哪些聚会。

Tip 본인의 고향에서 친목을 도모하기 위해 참석하는 대표적인 모임을 말하면 됩니다.

04 **1)** 대한민국 불교와 유교 문화유산에는 어떤 것이 있는지 말해 보세요.

Explain what are Korean Buddhism and Confucianism cultural heritages are.

请说出大韩民国有哪些关于佛教和儒教的文化遗产。

예 불교 문화유산에는 불국사, 다보탑, 석굴암 등이 있습니다. 유교 문화유산에는 서원이 있으며, 서원은 성리학을 교육하던 장소입니다.

2) _____ 씨의 고향에는 어떤 문화유산이 있는지 말해 보세요.

What are some of the cultural heritages in your hometown?

请介绍一下你的国家的世界文化遗产。

Tip 본인의 고향에 있는 문화유산에 대해 소개하면 됩니다.

05 **1)** 한국에는 어떤 대중문화가 있는지 말해 보세요.

Name some of the popular culture in Korea.

请说一下韩国有什么大众文化。

예 한국의 대중문화에는 드라마, 노래(K-POP), 영화, 스포츠 등이 있습니다. 그중에서 특히 한국의 드라마와 노래가 전 세계적인 인기를 끌고 있습니다.

2) 한국의 '방' 문화를 아시나요? 어떤 방 문화가 있는지 말해 보세요.

Have you experienced Korea's '방' culture? If so, tell us about it.

您体验过韩国的"房间"文化吗？请谈谈有哪些"房间"文化。

예 한국의 방 문화에는 노래방, PC방, 만화방, 빨래방 등이 있습니다. 저는 게임하는 것을 좋아해 PC방에 자주 갑니다. 한국의 PC방에서 신기했던 점은 음식을 컴퓨터로 주문하여 시켜 먹을 수 있다는 점이었습니다.

정답 및 해설

01	02	03	04	05	06	07	08	09	10
①	①	④	②	①	③	②	④	①	④
11	12	13	14	15	16	17	18	19	20
④	③	②	①	④	③	④	④	③	②
21	22	23	24	25	26	27	28	29	30
①	④	①	④	③	②	④	③	②	②
31	32	33	34	35	36	37	38	39	40
④	③	②	③	②	③	③	①	④	③
41	42	43	44	45	46	47	48		
②	③	①	③	②	③	①	④		
49					50				
따뜻한					좋아질 뿐만 아니라				

01 정답 ①

사진 속의 사람은 옷을 사고 있으므로 정답은 '옷을 사요'이다.

The picture shows a person shopping.

照片中的人在买衣服，所以正确答案是 "买衣服"。

02 정답 ①

명사+을/를: 동작이 직접적으로 영향을 미치는 대상을 나타낼 때 사용한다.

This grammar pattern is used to identify what or who receives the action in sentence.

动作直接产生影响时使用。

03 정답 ④

① 좋다, like, 好 ↔ 싫다, dislike, 讨厌

② 좁다, narrow, 窄 ↔ 넓다, wide, 宽

③ 길다, long, 长 ↔ 짧다, short, 短

④ 멀다, far, 远 ↔ 가깝다, near, 近

04 정답 ②

① 작다, small, 小 ↔ 크다, big, 大

② 적다, few, 少 ↔ 많다, many, 多

③ 있다, have, 有 ↔ 없다, lack, 没有

④ 나쁘다, bad, 坏 ↔ 착하다/좋다, good, 善良/好

05 정답 ①

이가 아플 때 가는 병원은 '치과'이다.

A 'dental clinic' is the place to go when experiencing a toothache.

牙疼时去的医院是 "齿科医院"。

06 정답 ③

벌써: 시간이 어느 사이에 가는지 모르게, 예상보다 빨리, 생각보다 일찍

It is used to indicate that something has happened sooner than expected or earlier than anticipated.

没感觉到时间的流逝。比预想的快。比想象的早。

07 정답 ②

② 벗다, take off, 脱 ↔ 입다/쓰다/신다/두르다/하다/차다, wear/put on, 戴/穿/围

> 옷/외투/치마/바지/윗옷 + **입다**
> 모자/안경/마스크 + **쓰다**
> 양말/신발 + **신다**
> 목도리/스카프 + **두르다/하다**
> 귀걸이/목걸이 + **하다**
> 시계/팔찌 + **차다**

08 정답 ④

③ 불편하다, uncomfortable, 不方便 ↔ 편하다, comfortable, 方便

④ 어렵다, difficult, 难 ↔ 쉽다, easy, 容易

09 정답 ①

외식: 집에서 요리하지 않고 밖에서 음식을 사 먹음

refers to having a meal in a restaurant

不在家做饭而在外面买饭吃

식비: 먹는 데에 드는 비용

refers to the money allocated for eating

用于吃饭的费用

10 정답 ④

입원하다: 환자가 치료를 받기 위해서 일정 기간 병원에 들어가다.

be admitted to a hospital for medical treatment.

为了接受治疗而在医院住一段时间。

동안: 한때에서 다른 때까지의 시간의 길이

the period of time between two points

从一个时刻到另一个时刻的时间长度

11 정답 ④

결제하다: 물건 값이나 내줄 돈을 주고 거래를 끝내다.

complete a transaction by using money to purchase goods.

支付货款或交钱结束交易。

12 정답 ③

익숙하다: 자주 대하거나 겪어 잘 아는 상태에 있다.

frequently encountered or experienced.

经常接触或经历而了解的状态。

실수: 부주의로 잘못을 함. 말이나 행동이 예의에 어긋남

to wrong about saying saying or doing something out of courtesy

因不注意而犯的错误。言行失礼

13 정답 ②

'저렴하다'와 비슷한 단어는 '싸다'이다.

'Affordable' is the similar to 'cheap'.

与 "便宜" 相似的单词是 "便宜"。

동사/형용사＋-게: 뒤에 오는 내용의 정도나 방법 등을 보충할 때 사용한다.

This grammar pattern describes the degree, method or manner of an action.

用于补充显示后面内容的程度或方法等。

저렴하다: 값이 보통보다 싸다.

less expensive than the usual price.

价格比一般的低。

14 정답 ①

'가꾸다'와 비슷한 단어는 '키우다, 기르다'이다.

'To cultivate' is the similar to 'to raise', and 'to grow'.

与 "养" 相似的单词是 "养"。

키우다: 동식물을 돌보아 기르다.

take care of and raise plants or animals.

照顾动植物，使其成长。

15 정답 ④

동사/형용사/명사 '이다'＋-거나: 선택할 수 있는 두 가지 이상을 말할 때 사용한다.

This grammar pattern is used to indicate two or more choices.

用于表示可以选择的两种以上的情况。

예 저는 주말에 보통 친구를 <u>만나거나</u> 영화를 봐요.

16 정답 ③

동사/형용사＋-(으)ㄹ까요?: 상대방의 생각이나 의견을 묻거나 제안할 때 사용한다.

This grammar pattern is used to ask for someone's thoughts, opinions or to make suggestion.

用于询问或提议对方的想法或意见。

예 내일 서점에 같이 <u>갈까요</u>?

17 정답 ④

동사/형용사＋-(으)면 좋겠다: 희망을 말할 때 사용한다.

This grammar pattern is used to express hope.

用于表达希望。

준비하다: 미리 마련하여 갖추다.

get ready in advance.

预先准备好。

예 이번 주말은 날씨가 맑았으면 좋겠어요.

18 정답 ④

동사/형용사＋－(으)ㄹ 것 같다: 어떤 일에 대한 추측을 나타낼 때 사용한다.

This grammar pattern is used to express prediction or assumption about something.

用于表达对某事的推测。

예 내일 비가 올 것 같아요.

19 정답 ③

동사/형용사＋－(으)ㄴ 적이 있다/없다: 과거의 사건이나 경험을 말할 때 사용한다.

This grammar pattern is used to talk about past experiences or events.

用于讲述过去的事件或经验。

예 저는 한번도 남자친구와 싸운 적이 없어요.

20 정답 ②

동사/형용사＋－(으)려면: 어떤 일을 이루기 위한 조건을 나타낼 때 사용한다.

This grammar pattern is used to indicate a condition required to accomplish or achieve a specific goal.

用于表示为了实现某事的条件。

예 운동 중 다치지 않으려면 스트레칭을 열심히 해야 합니다.

21 정답 ①

명사＋만큼: 앞에 있는 명사와 비교할 때 그 정도가 비슷함을 나타낼 때 사용한다.

This grammar pattern indicates something is equivalent to another.

用于表示前面的名词与其比较程度相似。

예 정수만큼 부모님께 효도하는 아들이 없어.

기대: 어떤 일이 원하는 대로 이루어지기를 바라면서 기다림

to anticipate or look forward to something turning out as desired

期望某事如愿以偿地实现而等待

22 정답 ④

동사/형용사+-(으)ㄹ 수밖에 없다: 그것 말고는 다른 방법이나 가능성이 없음을 나타낼 때 사용한다.

This grammar pattern is used to indicate that no other options are possible.

表示除了这个方法或可能性外没有其他选择。

예 비가 많이 와서 집에 있을 수밖에 없어.

23 정답 ①

동사/형용사+-(ㄴ/는)다고 하다, 명사 '이다'+(이)라고 하다: 주로 다른 사람에게서 들은 내용이나 정보를 전달할 때 사용한다.

This grammar pattern delivers information that is heard from others.

主要用于传达从别人那里听到的内容或信息。

예 다음 학기에 유학을 간다고 해요.

24 정답 ④

동사/형용사+-(으)ㄴ/는 편이다: 대체로 어떤 쪽에 가깝다거나 속한다고 나타낼 때 사용한다.

This grammar pattern is used to show that something is nearly associated with a particular side. It also expresses tendencies, habits, or general situations.

用于表示大致接近某一方面或归属于某一类。

예 해리는 성격이 밝고 긍정적이어서 친구들에게 인기가 많은 편이에요.

25 정답 ③

형용사+-(ㄴ/는)다고: 말하는 사람의 생각이나 의견을 강조하여 말할 때 사용한다.

This grammar pattern is used to emphasize the speaker's thoughts or opinions.

强调说话人的想法或意见，用于说话。

예 동생에게 내가 거짓말한 것에 대해 미안하다고 사과했어.

26 정답 ②

동사+-(으)ㄹ 만하다: 어떤 행동을 할 가치가 있음을 나타낼 때 사용한다.

This grammar pattern indicates something is worth doing or deserves a particular action.

用于表示某种行为是可能的或有价值的。

예 그 영화는 나름 볼 만해요.

27 정답 ④

동사/형용사+-(으)ㄹ지: 어떠한 추측에 막연한 의문을 갖고 뒤에 오는 말이 나타내는 사실이나 판단과 관련시킬 때 사용한다.

This grammar pattern is used to express uncertainty or speculation about a situation.

用于对某种推测有模糊的疑问，并与后面的事实或判断相关联。

예 한국 요리를 어디에서 <u>배울지</u> 알아보고 있어요.

28 정답 ③

동사/형용사+-(으)ㄴ/는 척하다: 실제로 그렇지 않은데 어떤 행동이나 상태를 거짓으로 꾸밀 때 사용한다.

This grammar pattern is used when someone is pretending to do something or acting in a way contrary to reality.

实际上并非如此，但用于伪装某个行为或状态。

예 부모님이 걱정하실까 봐 <u>잘 지내는 척해요</u>.

29 정답 ②

'선생님'을 보고 '학교'를 생각할 수 있으며, 앞뒤 내용으로 보아 '감기에 걸려서 학교에 가지 않았다'라는 내용이 들어가는 것이 적절하다.

The contexts of seeing the 'teacher' and makes one think of 'school' imply that the speaker wasn't able to go to school because of a cold.

看到"老师"就会想到"学校"，根据前后文的内容，"因为感冒所以没有去学校"是合适的。

30 정답 ②

자신의 계좌를 다른 사람에게 빌려주거나 다른 사람의 이름을 빌려서 계좌를 만들면 법적으로 벌을 받는다. 그러므로 '처벌을 받게 된다'가 적절하다.

Lending bank account or creating a bank account using someone else's name is illegal and is punishable by the law. Therefore, 'will be punished' is the appropriate answer.

如果将自己的账户借给别人，或借用他人的名字开账户，将会受到法律制裁。因此，"受到处罚"是合适的。

처벌: 범죄를 저지른 사람에게 국가나 특정 기관이 제재나 벌을 줌

penalties or sanctions for individuals who commit crimes are imposed by the state

国家或特定机构对犯罪者进行制裁或惩罚

31 정답 ④

'일주일이 지난 후에는 교환이나 환불이 어렵습니다.'라는 문장을 보아 앞에는 교환이나 환불을 할 수 있다는 의미가 와야 하므로 이와 연결할 수 있는 단어로 '가능하다'가 적절하다.

'Exchange or refund after a week is difficult' implies that it is possible to do exchange or refund within a week. Therefore, 'possible' is the appropriate answer.

"一周后很难更换或退款。"因此前面应该是表达可以交换或退款的意思，所以"可能"是合适的。

32 정답 ③

직장에서 승진하고 높은 연봉을 받는 것과 비슷한 의미로 '사회적 성공'이라고 할 수 있다.

Getting promoted at work and receiving a high salary is considered 'social success'.

在职场上升职和获得高薪与"社会成功"意义相近。

33 정답 ②

한국은 여름 중 가장 더운 기간을 '삼복(초복, 중복, 말복)'이라고 말한다. 사람들은 복날에 뜨거운 삼계탕을 먹으면서 더운 여름을 이기고 건강을 챙긴다.

The hottest period of summer in Korea is called '삼복(초복, 중복 and 말복)'. During these hot summer days, people overcome the heat and maintain their health by eating 삼계탕(ginseng chicken soup).

韩国将夏季最热的时期称为"三伏(初伏、中伏、末伏)"。人们在伏天吃热的参鸡汤，以战胜炎热的夏季，保持健康。

34 정답 ③

① 한국 사람들은 복날에만 삼계탕을 먹는다. ➡ 반드시 복날에만 삼계탕을 먹는 것은 아니다.

② 삼계탕은 찬 성질의 음식과 같이 먹으면 좋다. ➡ 더운 날에는 땀을 많이 흘려 몸이 차가워져서 뜨거운 삼계탕을 먹으며 건강을 챙긴다.

④ 여름에 삼계탕을 먹을 때에는 회복과 지혜가 필요하다. ➡ 삼계탕을 먹을 때 회복과 지혜가 필요하지 않다.

① Koreans eat 삼계탕 on the hot summer days only. ➡ 삼계탕 is not eaten on the hot summer days only.

韩国人只在伏天吃参鸡汤。➡ 不一定只在伏天吃参鸡汤。

② 삼계탕 is good to be eaten with cooling foods. ➡ On the hot summer days, excessive sweating makes the body cold. So, eating hot 삼계탕 is a way of taking care of one's health.

参鸡汤与凉性食物一起吃比较好。➡ 炎热的天气出汗多，身体变冷，因此吃热的参鸡汤保持健康。

④ Recovery and wisdom are needed when eating 삼계탕 in summer. ➡ Recovery and wisdom are not needed when eating 삼계탕.

夏天吃参鸡汤需要康复和智慧。➡ 吃参鸡汤不需要康复和智慧。

35 정답 ②

편의점 음식은 전자레인지에 데우면 바로 먹을 수 있기 때문에 먹기 간편하고, 늦은 밤이나 새벽에도 쉽게 음식을 구할 수 있다. 그렇기 때문에 시간을 많이 절약할 수 있어서 바쁜 현대인들에게 큰 인기를 얻고 있다.

Convenience store food is easy to eat because it can be heated in the microwave and eaten right away. It is also accessible late at night or early in the morning. It saves a lot of time and is very popular in the modern society.

便利店食品加热后可以马上食用，因此食用方便，深夜或凌晨也能轻松买到食物。因此可以节省很多时间，深受忙碌的现代人欢迎。

36 정답 ③

① 비타민D 부족은 빠른 치료가 필요하다. ➡ 글에서 알 수 없는 내용이다.

② 겨울에는 강한 햇빛을 피해 산책을 하는 것이 좋다. ➡ 겨울에는 햇빛이 가장 강한 낮 12시쯤 산책만 30분해도 하루에 필요한 비타민D가 채워진다.

④ 여름에는 오전 11시에서 오후 5시 사이에 햇빛을 쐬야 한다. ➡ 여름에는 오전 11시 이전과 오후 5시 이후에 각각 20분 정도 햇빛을 받으면 비타민D가 채워진다.

① Deficiency in Vitamin D needs immediate treatment. ➡ Not mentioned in the text.

维生素D缺乏需要快速治疗。➡ 文章中未提及。

② It's good to take a walk away from intense sunlight in winter. ➡ Taking a walk for 30-minute at noon in winter, when the sun is at its peak, can provide your daily dose of vitamin D.

冬天最好避开强烈的阳光散步。➡ 冬天在阳光最强的中午12点左右散步30分钟即可补充一天所需的维生素D。

④ It's essential to get sunlight exposure between 11a.m. and 5p.m. during summer. ➡ Getting sunlight exposure for about 20 minutes before 11a.m. and after 5p.m. in summer can provide your daily dose of vitamin D.

夏天应在上午11点到下午5点之间晒太阳。➡ 夏天在上午11点之前和下午5点之后各晒20分钟即可补充维生素D。

37 정답 ③

변화는 우리가 살면서 피할 수 없기 때문에 새로운 변화를 긍정적으로 받아들이는 태도가 필요하다.

Change is inevitable in life. Embracing it with a positive mindset is essential.

变化是我们生活中无法避免的，因此需要以积极的态度接受新的变化。

38 정답 ①

한국 사람은 '나'보다 '내가 속한 공동체'를 중요하게 생각해서 '우리'라는 표현을 사용한다.

Koreans value the community to which they belong rather than focusing on 'I', so they use the expression 'we'.

韩国人比起"我"更重视"我所属的集体"，所以使用"我们"这个表达。

39 정답 ④

공동 주택: 아파트, 다세대 주택(빌라), 연립 주택과 같이 한 건물 안에서 각각 독립된 생활을 할 수 있도록 지어진 주택을 말한다.

refers to houses built for multiple household and allow independent living in one building like townhouses, low-rise condominiums, (villas), and apartments.

指的是像公寓、多户住宅(联排住宅)、连栋住宅一样，在同一栋建筑内可以独立生活的住宅。

단독 주택: 한 건물에 한 가구만 살 수 있도록 지어진 주택이나 다중 주택, 다가구 주택과 같이 한 건물에 여러 가구가 생활을 할 수 있도록 지어진 주택을 말한다.

단독 주택 refers to a house designed for one household to live in. This category includes single-family homes, as well as houses designed for multiple households, such as multi-family homes.

指的是像单独住宅一样，一栋建筑只有一户人家居住，或像多户住宅、多家庭住宅一样，一栋建筑内有多户人家居住的住宅。

40 정답 ③

정월 대보름에 먹는 음식은 '부럼'이다. 부럼은 밤, 땅콩, 호두, 잣 등의 말린 견과류를 말한다.

'부럼' is a traditional Korean food eaten on the first full moon of the year, known as 정월 대보름. The food includes a variety of nuts such as chestnuts, peanuts, walnuts, pine nuts etc.

正月十五吃的食物是"부럼"。指的是栗子、花生、核桃、松子等干果。

41 정답 ②

'처방전'이 있어야 약국에서 약을 받을 수 있다.

A 'prescription' is needed to purchase prescribed medicine at a pharmacy.

有"处方"才能在药店拿到药。

처방전: 약의 조제 방법을 적은 종이

a written direction for the preparation and use of a medicine

写有药物调配方法的纸张

42 정답 ③

1339는 질병관리청 긴급 신고 전화번호이다. 감염병 신고 및 질병 관련 정보를 얻을 수 있다.

1339 is Korea Disease Control and Prevention Agency contact number. This number can be used to report and obtain information on any related infectious deceases.

1339是疾病管理厅紧急举报电话号码。可以举报传染病并获取疾病相关信息。

43 정답 ①

인구 고령화로 노인의 건강과 관련된 문제, 청년 노동 인구 감소, 사회복지 부담 증가 등의 사회적인 문제가 발생할 수 있다.

The continued growth of the aging population can lead to significant social issues, including health problems among the elderly, a reduction in the youth workforce, and an increased burden on social welfare systems.

由于人口老龄化，会出现与老年人健康相关的问题、青年劳动力减少、社会福利负担增加等社会问题。

44 정답 ③

① 성묘: 조상의 산소에 가서 인사를 드리고 돌봄
② 차례: 명절에 지내는 제사
④ 고향: 태어나서 자란 곳

① 성묘: To visit, pay respects and tend to the ancestor's grave
　　到祖先的坟墓前问候并进行照料
② 차례: An ancestral rites performed during traditional holidays, 명절에 지내는 제사
　　在节日进行的祭祀
④ 고향: The place where one was born and raised and often referred to as one's hometown
　　出生并长大的地方

45 정답 ②

한국의 면접 문화에 대한 설명이다. 모르는 질문에 대해 아는 척하기보다 무엇을 평가하기 위한 질문인지 생각해 보고 대답하는 것이 좋다.

In Korean culture, it's important to take a moment to think and evaluate your response during an interview, rather than pretending to know something you don't. This shows value and respect for the conversation.

这是关于韩国面试文化的说明。对于不懂的问题，比起装懂，更好的是考虑提问的评估意图并回答。

46 정답 ③

국민 건강 보험은 병원 치료 등의 의료 서비스가 필요할 때 높은 병원비로 부담을 안게 되는 것을 막기 위해 운영되는 사회 보장 제도이다. 국민 모두가 일정한 보험료를 내고 가입하게 되는데, 보험료는 개인의 소득이나 재산에 따라 다르다. 외국인도 한국에 6개월 이상 거주하는 경우 가입 자격이 생기고 외국인등록을 한 후 직장이나 지역에서 가입할 수 있다.

The National Health Insurance Service (NHIS) in Korea is a social security system designed to alleviate the burden of high hospital costs by providing medical services such as hospital treatment. All citizens contribute a certain premium, which varies based on their income or property. In addition, registered foreigners who have lived in Korea for more than six months are required to apply through their workplace or place of residence.

国民健康保险是为了在需要医院治疗等医疗服务时避免承担高额医疗费用而运行的社会保障制度。所有国民都要支付一定的保险费并加入，保险费根据个人的收入或财产而不同。外国人在韩国居住6个月以上时具备加入资格，进行外国人登记后可以在公司或所在地区加入。

47 정답 ①

온돌: 따뜻한 돌을 의미한다.

ondol refers to a traditional Korean underfloor heating system, which literally means "warm stone".

指的是温暖的石头。

굴뚝: 연기를 배출하는 부분이다.

this structure allows smoke to escape from a fireplace.

指的是排放烟雾的部分。

48 정답 ④

한국 사람들은 대문이나 집의 방향이 남쪽으로 향해 있는 것을 선호해 왔다. 이는 해가 오래 드는 남쪽을 좋다고 생각했기 때문이다.

Koreans prefer houses facing South because they receive more sunlight for longer periods, which are especially beneficial during the colder months.

韩国人一直以来偏好大门或房子的方向朝南。这是因为他们认为阳光充足的南方是好的。

49 따뜻한

온수를 사용하려고 하는데 보일러가 작동하지 않는다고 하였다. 온수는 따뜻한 물을 의미하므로 '따뜻한 물이 안 나와요'가 적절하다.

I tried using the hot water but the boiler wasn't working. So, 'the hot water isn't coming out' is the appropriate answer.

打算使用热水，但锅炉没有运转。热水意味着温水，因此"没有热水出来"是合适的。

50 좋아질 뿐만 아니라

동사/형용사/명사 '이다'+-(으)ㄹ 뿐만 아니라: 앞의 내용에 더해 뒤의 말이 나타내는 내용까지 작용함을 나타낼 때 사용한다.

This grammar pattern is used to indicate that the following content is also applicable in addition to the prior content.

用于表示在前面的内容之外，还包含后面的内容。

01–02

　　매년 5월 20일은 '세계인의 날'로 이날은 2007년에 제정된 후, 외국인과 한국인이 다양한 행사와 프로그램을 통해 함께 어울려 서로의 문화를 이해하는 사회를 만들기 위한 날이다. 세계인의 날에는 축하 공연, 전시회, 다양한 체험 공간, 세계 민속 공연, 사진 공모전 등 여러 행사가 개최된다. 또한 다문화 교육, 언어 교환 프로그램, 다문화 가정 지원 강좌 등의 교육 프로그램도 진행되고, 외국인과 한국인이 함께 참여하는 봉사활동, 스포츠 대회 등의 여러 커뮤니티 활동도 열린다.

01 위의 글을 소리 내어 읽어 보세요.

Read the article loudly.

请大声朗读以上内容。

Tip 발음의 정확성, 띄어 읽기, 유창성, 속도 등에 유의하며 읽습니다.

02 1) 세계인의 날은 언제예요?

When is Segyein nal (World Day for Cultural Diversity, Together Day)?

世界人日是什么时候?

예 매년 5월 20일입니다.

2) 세계인의 날에는 어떤 행사를 해요?

What kind of event is Segyein nal?

世界人日有哪些活动?

예 세계인의 날에는 축하 공연, 전시회, 체험 행사, 세계 민속 공연, 사진 공모전 등 다양한 행사가 열립니다.

03 1) _____ 씨가 한국에서 경험한 행사에 대해 말해 보세요.

Tell us about the event you've experienced in Korea.

请谈谈您在韩国经历的活动。

Tip 한국에서 생활하면서 경험한 행사 활동(어린이날 행사, 추석 행사, 자연 보호 행사 등)에 대해 말하면 됩니다.

2) _____ 씨는 친구와 같이 가고 싶은 행사가 있는지 말해 보세요.

Tell us about an event you would like to go with your friends.

您是否有想和朋友一起参加的活动？

Tip 친구와 같이 가고 싶은 행사에 대해 말하면 됩니다.

04 1) 한국에는 명절마다 다양한 전통놀이를 즐깁니다. 한국의 대표 명절인 설날과 추석에 즐기는 전통놀이에 대해 아는 대로 말해 보세요.

Korea has various kinds of traditional games on holidays. Name some of the traditional games you enjoy during 설날 and 추석.

韩国在主要节日如春节和中秋节时会进行哪些传统游戏？请说说您所知道的。

예 윷놀이, 연날리기, 제기차기, 강강술래 등이 있습니다.

2) _____ 씨 나라에는 어떤 전통놀이가 있는지 소개해 주세요.

Could you tell us about some of the traditional games that you have in your country?

请介绍一下您国家的传统游戏。

Tip 본인 나라의 전통놀이는 무엇이 있고, 어떻게 하는 놀이인지 말하면 됩니다.

05 1) 한국의 저출산(저출생)과 고령화로 나타난 변화에 대해 말해 보세요.

Name some of the changes caused by Korea's low birth rate and aging population.

请谈谈韩国低出生率和高龄化带来的变化。

예 저출산과 고령화로 청년층의 인구가 줄고, 노년층의 인구가 늘고 있으며 경제 성장이 느려질 수 있다는 우려가 제기되고 있습니다.

2) 저출산(저출생)과 고령화 문제의 해결 방법에 대해 말해 보세요.

Name some of the solutions to Korea's low birth rate and aging population.

请谈谈解决韩国低出生率和高龄化问题的方法。

예 비싼 사교육비 등 부모들이 자녀 양육에 부담을 갖지 않도록 정부가 필요한 조치를 취해야 합니다. 그리고 노년층 인구의 증가를 새로운 기회로 여기고 이에 적극적으로 대비해야 합니다.

정답 및 해설

01	02	03	04	05	06	07	08	09	10
①	③	④	③	④	①	②	②	①	④
11	**12**	**13**	**14**	**15**	**16**	**17**	**18**	**19**	**20**
④	③	②	②	④	②	②	③	④	①
21	**22**	**23**	**24**	**25**	**26**	**27**	**28**	**29**	**30**
④	③	②	④	④	③	①	④	③	④
31	**32**	**33**	**34**	**35**	**36**	**37**	**38**	**39**	**40**
③	④	③	④	③	①	①	①	③	③
41	**42**	**43**	**44**	**45**	**46**	**47**	**48**		
②	④	①	④	④	③	②	②		

49	50
서비스 센터	아리랑

01 정답 ①

사진 속의 사람들은 산을 올라가고 있으므로 정답은 '등산을 해요.(= 산에 가요.)'이다.

The people in the picture are climbing mountains, so the answer is 'Let's go hiking.' (= Let's go to the mountains.).

照片中的人们正在爬山，所以答案是"爬山"。(= 去山上。)

02 정답 ③

명사+보다: 다른 것과 비교할 때 사용한다.

This grammar pattern is used in comparison with others.

用于和其他事物比较的时候。

03 정답 ④

① 많다, many, 多 ↔ 적다, few, 少

② 좋다, like, 喜欢 ↔ 싫다, dislike, 不喜欢

③ 바쁘다, busy, 忙 ↔ 한가하다, available, 闲（没有事情）

④ 쉽다, easy, 容易 ↔ 어렵다, difficult, 难

04 정답 ③

③ 주말, weekend, 周末 ↔ 평일, weekday, 工作日

평일: 토요일, 일요일, 공휴일이 아닌 보통의 날

not Saturday, Sunday or not a public holiday

不是星期六、星期日或节假日的普通日子

05 정답 ④

마리: 짐승이나 벌레 따위의 수를 세는 단위

a unit for counting animals or insects

用于计算动物或昆虫的单位

06 정답 ①

채용하다: 일할 사람을 뽑다.

employ someone for a job or position.

选拔要工作的人。

07 정답 ②

① 편하다, convenient, 舒服 ↔ 불편하다, inconvenient, 不舒服

② 급하다, in a hurry, 急 ↔ 느긋하다, relax, 慢

④ 꼼꼼하다, meticulous, 仔细 ↔ 꼼꼼하지 못하다/대충하다/허술하다, sloppy, 粗忽/
粗略地做/松懈, 马虎

느긋하다: 여유가 있고 넉넉하다.

easygoing.

悠闲和宽裕。

08 정답 ②

① 금지하다, prohibit, 禁止 ↔ 허용하다, allow, 容许

② 찬성하다, in favor of, 赞成 ↔ 반대하다, against, 反对

④ 거절하다, refuse, 拒绝 ↔ 허락하다/승인하다, allow/approval, 答应/批准

09 정답 ①

① 막히다: 길, 통로 따위가 통하지 못하게 되다.

② 잠그다: 물, 가스 따위가 흘러나오지 않도록 차단하다.

③ 깨지다: 단단한 물건이 여러 조각이 나다.

④ 고치다: 고장이 나거나 못 쓰게 된 물건을 손질하여 제대로 되게 하다.

① be blocked: Road, passage, to be impassable.

堵塞：道路、通道等不通。

② to turn off/close: Water, gas, etc. to be blocked from flowing out.

锁住：阻止水、气体等流出。

③ to be broken: Shatter into pieces.

破碎：坚硬的物体碎成多块。

④ to repair: Fix something that is not working properly.

修理：修整坏掉或不能用的物品。

10 정답 ④

빌다: 생각한 대로 이루어지기를 바라다.

I hope it will come true as I thought.

向神或人请求实现愿望。

예 부디 시험에 통과하기를 <u>빌게</u>.

11 정답 ④

섞다: 두 가지 이상의 것을 하나로 합치다.

combine two or more things together.

把两种或多种东西混合在一起。

예 밥에 집에 있는 반찬을 <u>섞고</u> 참기름과 고추장을 넣어 비벼 먹었어요.

12 정답 ③

① 사교육: 학교 교육 외에 학원과 같이 개인이 만든 기관에서 개인이 내는 돈으로 이루어지는 교육

② 교육열: 교육에 대한 열정

③ 공교육: 국가의 제도 속에서 이루어지는 교육

④ 주입식: 주로 교육에서 암기를 통해 학습자에게 정보와 지식을 넣어 주는 방법

① private education: Education that takes place outside the school

课外辅导: 除了学校教育之外，像补习班一样，由个人创办的机构用个人缴纳的钱进行的培训

② academic enthusiasm: Parent's eagerness for their children's education is increasing.

教育热情: 对教育的热情

③ public education: An education that is conducted within the framework of the national system

公共教育: 在国家的制度下进行教育

④ rote learning: Lessons that are designed to help students memorize information and knowledge

填鸭式: 主要是在教学中通过背诵向学习者灌输信息和知识的方法

13 정답 ②

'번거롭다'와 비슷한 단어는 '귀찮다'이다.

'Bothering' is the similar to 'bothering'.

与"繁琐"相似的单词是"厌烦"。

번거롭다: 귀찮고 짜증스럽다.

it's annoying and annoying.

感到厌烦和恼火(近似于麻烦)。

14 정답 ②

'견디다'와 비슷한 단어는 '버티다'이다.

'Tendy' is the similar to 'tendy'.

与"坚持"相似的单词是"坚持"。

견디다: 힘들거나 어려운 것을 참고 버티어 살아 나가다.

live with something difficult or difficult.

长时间忍耐和坚持(近似于坚持)。

15 정답 ④

동사/형용사＋-지요?: 이미 알고 있는 것을 다시 확인할 때 사용한다.

This grammar pattern is used to confirm something already known.

用于确认已知的情况。

예 이제 좀 시원하지요?

16 정답 ②

못: 행동을 할 능력이 없거나 가능성이 없을 때 사용한다.

This grammar pattern is used when one is unable or unlikely to perform an action.

表示没有做某事的能力或可能性。

예 저는 춤을 전혀 못 춰요.

17 정답 ②

동사/형용사/명사 '이다'＋-(으)ㄹ 거예요: 미래의 일이나 계획을 말할 때 사용한다.

This grammar pattern is used to talk about future events or plans.

用于表达未来的计划或事情。

예 일을 다 끝낸 후에 밥을 먹을 거예요.

18 정답 ③

동사＋-아/어 보다: 경험을 말할 때나 권유할 때 사용한다.

This grammar pattern is used to talk about experiences or give advice.

用于谈论经验或建议。

예 선물이에요. 지금 열어 보세요.

19 정답 ④

동사＋-고 싶다: 어떤 행동을 하기 원함을 나타낼 때 사용한다.

This grammar pattern is used to express a desire to do something.

表示想做某事。

동사/형용사＋-지 않다: 앞에서 나타내는 행동이나 상태를 부정할 때 사용한다.

It is used to deny the behavior or condition shown above.

用于否定前面表示的行为或状态。

예 운동을 하고 싶지 않아요.

20 정답 ①

명사＋치고: 그 전체가 예외 없음을 나타내거나 그중 예외적임을 나타낼 때 사용한다.

This grammar pattern is used to indicate that there are no exceptions for any instance of that noun.

用于表示前面的事物没有例外或是其中的例外。

예 인스턴트 음식치고 건강에 좋은 음식이 있겠어요?

② 조차: 그 상황이 이상의 것이 더해짐을 나타낼 때 사용한다.

③ 만큼: 앞에 있는 명사와 비교할 때 그 정도가 비슷함을 나타낼 때 사용한다.

④ 이나(밖에): 수량이 예상보다 크거나 많은, 예상보다 작거나 적음을 나타낼 때 사용한다.

② 조차: This grammar pattern is used to indicate that something more is added to the situation.

조차: 表示增加了某种情况。

③ 만큼: This grammar pattern is used to indicate the degree or extent of something similar to that noun it is compared with.

만큼: 表示程度相似。

④ 이나(밖에): This grammar pattern is used to indicate quantities that are either more or less than expected.

이나(밖에): 表示数量超出或不足。

21 정답 ④

동사+-자마자: 앞의 동작이 이루어지고 난 후에 바로 뒤의 사건이나 동작이 일어남을 나타낼 때 사용한다.

This grammar pattern indicates that another action occurs immediately right after the first action.

表示前面的动作完成后，紧接着发生后面的事件或动作。

예 가게에서 <u>보자마자</u> 마음에 들어서 샀어요.

22 정답 ③

동사+-고 말다: 의도하지 않은 일이 결국 일어났음을 나타낼 때 사용한다.

This grammar pattern is used to indicate that an unintended action eventually happened.

表示意外发生的事情最终确实发生了。

예 늦잠을 자서 학교에 <u>지각하고 말았어요</u>.

23 정답 ②

동사+-(으)ㄹ 테니까: 뒷말에 대한 조건임을 강조하여 앞말에 대한 말하는 사람의 의지를 나타낼 때 사용한다.

This grammar pattern is used to indicate the speaker's strong intention to take action in the preceding statement and serves as a condition to the following sentence.

用于强调后句所表达的条件，来表明说话者对前句的意志。

예 제가 청소할 테니까 아이들을 좀 봐 주세요.

24 정답 ④

동사＋－(으)ㄴ/는: 사건이나 동작이 과거에 일어났음을 나타낼 때 사용한다.

This grammar pattern is used to indicate an event or action that has taken place in the past.

用于表示时间或动作发生在过去。

예 지난주에 친구와 같이 간 한국 음식점이 맛있었어요.

25 정답 ④

동사＋－(으)려던 참이다: 어떤 일을 이제 하려고 하거나 할 계획이 있을 때 사용한다.

This grammar pattern is used to express that someone was just about to do something or had been planning to do something.

表示打算刚要做某事或有计划做某事。

예 이제 막 먹으려던 참이었어요.

26 정답 ③

동사/형용사＋－(으)ㄹ수록: 앞 내용의 상황이나 정도가 더 심해질 경우 뒤 내용의 결과나 상황도 그에 따라 더하거나 덜하게 됨을 나타낼 때 사용한다.

This grammar pattern is used to show that as the situation or degree of the preceding action becomes more intense, the result of the following action also decreases or increases accordingly.

表示前面叙述的情况或程度越严重，后面叙述结果或情况也会相应地更严重或更轻。

예 혼자 있을수록 더 외로워요.

27 정답 ①

동사/형용사＋－(으)ㄴ/는지 알다/모르다, 명사＋인지 알다/모르다: 어떤 생각이나 사실이 매우 그러하다고 강조하는 표현이다. 보통 '－(으)ㄴ/는지 모르다' 앞에는 '얼마나'가 함께 쓰인다.

This grammar is used to emphasize that a thought or fact is very much so. It is usually used with '얼마나' before '-(으)ㄴ/는지 모르다'.

强调某种想法或事实非常如此的表达。通常'얼마나'与'－(으)ㄴ/는지 모르다'一起使用。

예 그 모습이 얼마나 예쁜지 몰라요.

28 정답 ④

동사/형용사+-아/어서: 사건이 순차적으로 일어날 때 나타낸다.

This grammar pattern is represented when things happen in sequence.

表示事件按顺序发生时使用。

예 놀이공원에 <u>가서</u> 롤러코스터를 탔어요.

29 정답 ③

감기에 걸려서 목이 많이 아파 생강차를 마셨지만 낫지를 않아서 이비인후과에 갔다.

Despite drinking ginger tea for his sore throat, the pain persisted, so he went to the ENT(ear, nose and throat) clinic.

为喉咙一直很痛，所以虽然喝了生姜茶，但没好，但还是去看了耳鼻喉科。

30 정답 ④

한 자동차 회사는 분리수거함에 점수판을 설치해 쓰레기를 버릴 때마다 분리수거 점수가 나타나도록 하여 사람들이 적극적으로 분리수거에 동참하고 있다.

A car company has set up a scoreboard on recycling bins, showing a 'recycling score' every time trash is disposed of. This program aims to encourage people to actively participate in recycling.

有一家汽车公司在分垃圾箱上安装了记分板，每次丢垃圾时会显示'分离回收分数'，以鼓励积极参与分离回收。

31 정답 ③

스마트폰으로 은행 업무를 볼 수 있는 것은 인터넷 뱅킹이다.

It is Internet banking that you can do banking with your smart phone.

用智能手机可以办理银行业务的是网上银行。

인터넷 뱅킹: 인터넷을 통해 입출금 등 은행 관련 업무를 보는 일

bank-related task such as deposits and withdrawals through the internet are easier to do with a smart phone.

通过互联网处理存取款等银行业务。

32 정답 ④

사고방식: 생각하고 궁리하는 방법이나 태도

a way and approach on perception and consideration

思考和考虑的方法或态度

행동양식: 인간의 생활에 일정하게 규정되어 있는 형식

the consistent ways in which humans act and respond in life

在生活中一定程度上规定的形式

33 정답 ③

제품의 유통 기한이 지나도 일정 기간 이후까지 음식을 먹을 수 있는 것을 '소비 기한'이라고 한다.

'Best by date' indicates the period during which food can still be consumed even after the expiration day has passed.

'消费期限' 是指即使产品的 '流通期限' 已过，也可以在一定时期内继续食用的期限。

34 정답 ④

① 소비자는 유통 기한을 <u>지켜야 한다</u>. ➡ 글에서 알 수 없는 내용이다.

② 유통 기한이 지난 음식은 아까워도 <u>버려야 한다</u>. ➡ 최근 유통 기한이 지나도 일정 기간 동안 음식을 먹을 수 있는 소비 기한을 표시하면서 아깝게 제품을 버리는 일을 줄일 수 있게 되었다.

③ 판매자는 <u>유통 기한이 지나도</u> 제품을 팔 수 있다. ➡ 유통 기한이 지나면 판매자는 제품을 판매할 수 없다.

① Consumers must meet the expiration date. ➡ Not mentioned in the text.

消费者要遵守保质期。 ➡ 这是文章中未知的内容。

② Food that has passed the expiration date should be discarded even if it is a waste. ➡ Recently, it has been possible to reduce waste of products by indicating the expiration date for which food can be eaten for a certain period of time even after the expiration date.

超过保质期的食品要扔掉。 ➡ 最近，即使过了保质期，也可以标记一段时间内可以吃东西的消费期限，从而减少了舍不得扔掉产品的事情。

③ Sellers can sell products even after the expiration date. ➡ After the expiration date, the seller cannot sell the product.

卖家过了保质期也可以卖产品。 ➡ 过了保质期卖家就不能销售产品了。

35 정답 ③

1인 가구가 증가하면서 우리 사회에 크고, 작은 변화가 생기고 있다. 이에 관련된 정책도 개선되어야 한다.

The rapid rise in single-person households is causing both significant and minor changes in our society. Policies addressing this trend should be expanded and improved.

随着单身家庭的迅速增加，社会发生了大大小小的变化。相关政策也需要扩大和改善。

36 정답 ①

한국에서는 성년의 날이 매년 5월 셋째 주 월요일이며, 이날에 만 19세가 되는 사람들이 성인이 되었음을 알리고 축하해 주는 특별한 날이다.

Adult Day(성년의 날) falls on the third Monday of May every year in Korea, and it is a special day for people who turn 19 to announce and celebrate their adulthood.

在韩国，成年日是每年5月的第三个星期一，这是一个特别的日子，告知和庆祝满19岁的人成年。

성년의 날: 성인이 되는 것을 기념하여 축하하는 날

a Day to Celebrate Coming-of-Age

庆祝成为成人的日子

37 정답 ①

공연 정보를 찾는 방법이 다양해졌다.

There are now different ways to find information about cultural performances.

寻找演出信息的方法变得多样化了。

38 정답 ①

현대인들이 질병에 많이 걸리는 이유로는 잘못된 생활 습관 때문이라고 했다. 따라서 잘못된 생활 습관을 올바르게 바꿔야 질병에 걸리지 않는다.

People today are more prone to diseases due to unhealthy lifestyle choices.

现代人常患病的原因是因为不良的生活习惯。因此，只有正确改变错误的生活习惯，才不会患上疾病。

39 정답 ③

일주일 중에서 월요일부터 금요일까지 5일만 일하는 것은 '주5일제'이다.

Working only for five days a week, specifically Monday through Friday.

每周工作五天，即周一至周五，这称为 "주5일제"。

40 정답 ③

애국가는 한국을 대표하는 '노래(국가, 國歌)'이다. 나라를 사랑하는 마음을 담은 노래라는 뜻을 지니고 있다.

애국가 is the national anthem of South Korea. This song embodies love and devotion for the country.

爱国歌是代表韩国的歌曲。具有爱国之心的歌曲的意思。

41 ②

책, 라디오, 신문, 텔레비전뿐 아니라 최근에는 스마트폰을 기반으로 하는 SNS 등 대중매체의 발달로 자신이 좋아하는 대중문화를 쉽게 접할 수 있으며 이를 많은 사람과 공유하기도 한다.

The recent advancements in mass media, including books, radio, newspapers, television, and smart phone-based social media, have made it easier to access and share popular culture with a larger audience.

通过书籍、广播、报纸、电视等大众媒体，以及最近的基于智能手机的社交网络服务(SNS)，人们可以轻松接触自己喜欢的大众文化，并与他人分享。

42 정답 ④

공공부조는 생활이 어려운 사람들의 생활수준을 보장해 주고 생활비와 의료비를 지원해 주는 제도이다.

This system guarantees a basic standard of living for individuals facing financial difficulties. It offers essential financial support and covers medical expenses.

公共补助是保障生活困难的人的生活水平，支援生活费和医疗费的制度。

43 정답 ①

① 계약: 사람과 사람 사이에 무엇을 주고받을지에 대해 하는 약속
② 협력: 힘을 합쳐 서로 도움
③ 서명: 어떤 내용을 받아들이는 뜻으로 자기의 이름을 씀
④ 책임: 맡은 임무나 의무

① contract: An agreement between people about what to give and receive from each other

　合同: 人与人之间关于交换某物的承诺

② cooperation: Working together to help each other

　合作: 齐心协力，互相帮助

③ signature: Writing one's name

　签名：写下自己的名字

④ responsibility: Refers to a duty or an obligation

　责任：需要承担的任务或义务

44 정답 ④

법을 통해 분쟁을 해결하고 권리를 보호하는 대표적인 방법을 '소송'이라고 한다.

A representative method of resolving disputes and protecting rights through the law is called 'litigation'.

通过法律解决纠纷和保护权利的代表性方法被称为"诉讼"。

45 정답 ④

'국가인권위원회'는 인권 침해에 대한 상담, 조사, 구제의 역할을 하는 곳이다.

'The National Human Rights and Commission of Korea' is an institution responsible for offering counseling, conducting investigations and providing remedies for human rights violations.

'国家人权委员会'负责关于人权侵犯的咨询、调查和救济工作。

46 정답 ③

비밀 선거는 어떤 후보나 정당에 투표했는지 다른 사람에게 알려 주지 않을 수 있다는 것을 의미한다. 조건에 관계없이 공평하게 1인 1표씩 투표하는 것은 평등 선거라고 한다.

A secret election means that you may not let others know which candidate or political party you voted for. It is called an equal election to cast a fair vote, regardless of the conditions.

秘密选举意味着投票者可以在不告诉他人自己投了谁或哪个党派的情况下进行投票。不论条件，每人公平地一人一票进行投票称为平等选举。

47 정답 ②

반려견을 키우는 인구는 증가하고 있지만 반려견 안전관리에 대해 신경을 쓰지 않아 반려견에게 물리는 사고가 종종 발생하고 있으므로 목줄 착용, 입마개 착용 등 반려견에 대한 철저한 안전관리가 필요하다.

Although the number of people who are taking care of pets is increasing, awareness of safety and management remains low. This leads to frequent incidents of pets biting people, so thorough safety management for pets is necessary.

虽然养宠物的人口在增加，但对安全管理的认识较低，导致宠物咬人事故时有发生，因此需要对宠物进行彻底的安全管理。

48 정답 ②

최근 보이스 피싱이나 메신저 피싱 등의 사이버 범죄로 경제적 손해를 입은 피해자가 늘어나고 있다. 피싱으로 의심될 때는 경찰청이나 금융감독원에 신고해서 더 큰 피해가 발생하지 않도록 막아야 한다. 따라서 사이버 피해를 줄이기 위한 해결 방법으로 스마트폰 사용을 금지하는 것은 옳지 않다.

Recently, there has been an increasing number of victims who have suffered economic losses due to cybercrime such as voice phishing and message phishing. If suspected of phishing, you should report it to the National Police Agency or the Financial Supervisory Service to prevent further damage. Therefore, it is not correct to ban the use of smartphones as a solution to reduce cyber damage.

近年来，因网络诈骗如语音诈骗和信息诈骗等网络犯罪而导致经济损失的受害者越来越多。当怀疑是网络诈骗时，应向警察厅或金融监督院举报，以防止更大的损失发生。因此，禁止使用智能手机并不是减少网络诈骗的正确解决方法。

49 서비스 센터

전자 제품 문제가 생겼을 때 수리, 환불, 교환을 해주는 곳은 '서비스 센터'이다.

Repairs, refunds or exchanges of electronic devices when problem is occurs is handled at the 'service center'.

当电子产品出现问题时，提供维修、退货、换货服务的地方称为'服务中心'。

50 아리랑

한국의 민요 중 한국인의 정서와 한을 대변하는 대표적인 노래는 '아리랑'이다.

Arirang is the most famous Korean folk song. It represents the emotions and sentiments of the Korean people.

在韩国民歌中最著名且代表韩国人情感和遗憾的歌曲是'阿里郎'。

01–02

　최근 배달 앱(App)을 이용해 음식을 주문하는 사람이 많아졌다. 배달 앱은 여러 식당을 한눈에 비교할 수 있으며, 클릭 한 번으로 쉽게 주문할 수도 있다. 또한 쿠폰, 포인트 등 할인 혜택도 다양하다. 배달 앱으로 주문하기 위해서는 우선 앱을 열고 원하는 음식 종류와 식당을 선택한다. 다음으로 먹고 싶은 메뉴를 선택한다. 그리고 '주문하기'를 누른 후 주소와 전화번호 등의 개인 정보를 쓰면 계산 단계로 넘어간다. 계산은 앱에서 카드로 결제할 수도 있고 배달 직원에게 직접 현금으로도 결제할 수 있다.

01 위의 글을 소리 내어 읽어 보세요.

Read the article loudly.

请大声朗读以上内容。

Tip 발음의 정확성, 띄어 읽기, 유창성, 속도 등에 유의하며 읽습니다.

02 1) 한국 사람들은 어떻게 음식을 주문해요?

How do Koreans get their food delivered?

韩国人如何点外卖?

예 배달 앱(App)을 이용해 음식을 주문합니다.

2) 배달 앱을 이용하면 계산은 어떻게 해요?

How is payment done in the app?

使用外卖应用程序时，如何进行支付?

예 앱에서 카드로 미리 결제하거나 배달 직원이 왔을 때 현금으로 결제할 수 있습니다.

03 1) 한국에서 음식을 주문한 경험을 말해 보세요.

Have you experienced getting your food delivered?

请谈谈您在韩国点外卖的经历。

Tip 한국에서 생활하면서 음식을 주문한 경험을 말하면 됩니다.

2) _____ 씨 고향에서는 어떤 방법으로 음식을 주문하는지 말해 보세요.

Could you tell us how food is delivered in your hometown?

请谈谈在您的家乡如何点外卖。

Tip 본인의 나라에서 음식을 주문하는 방법을 말하면 됩니다.

04 1) 현대인의 지나친 인터넷 사용과 스마트폰 의존으로 나타나는 문제점을 말해 보세요.

Could you describe problems caused by too much reliance on the internet and smartphones in the modern society?

过度依赖互联网和智能手机会导致哪些问题？

예 현대인의 과도한 인터넷 사용과 스마트폰 의존은 수면 부족, 시력 저하, 대인 관계 약화, 개인 정보 유출 등의 문제점을 일으킬 수 있습니다.

2) 인터넷과 스마트폰의 바람직한 사용 방법에 대해 말해 보세요.

Name some of the best ways to use smartphones and internet effectively.

请谈谈互联网和智能手机的正确使用方法。

예 하루 동안 인터넷과 스마트폰 사용 시간을 정하고, 특정 시간대에는 전자 기기 사용을 자제하는 것이 중요합니다. 또한, 인터넷과 스마트폰을 교육, 건강관리 등 생산적이고 유용한 목적으로 활용할 수 있도록 해야 합니다. 마지막으로 개인 정보 보호를 위해 의심스러운 문자 메시지는 누르지 말고, 비밀번호 보안 설정을 철저히 해야 합니다.

05 1) 한국에는 어떤 선거가 있어요? 선거에서 중요한 점은 무엇인지 말해 보세요.

Name the kinds of the elections in Korea. Why is election important?

韩国有哪些选举？选举时重要的是什么？

예 대선, 총선, 지방선거가 있습니다. 선거에서 중요한 점은 유권자의 신중한 판단과 참여입니다. 후보자의 정책과 자질을 꼼꼼히 검토하여 공정하고 투명한 선거가 될 수 있도록 해야 합니다. 또한 투표권을 행사하여 민주주의 발전에 기여하는 책임감을 가지는 것이 중요합니다.

2) 고향에서는 정치와 관련하여 어떤 방법으로 국민의 의사를 표현하는지 말해 보세요.

Tell us about how the people in your hometown express their political opinions.

在您的家乡，公民通过什么方式表达自己的政治意见？

Tip 선거 참여, 정치 참여, 집회 및 시위 등으로 국민의 의사를 표현할 수 있다는 것을 말하면 됩니다.

부록

구술시험 준비하기

제1장 구술시험 가이드

제2장 구술시험 예상 문제

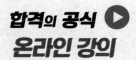

구술시험 가이드

1. 구술시험이란?

1) 구술시험에서는 읽기 · 말하기 능력과 상황 · 주제와 맞게 대화하는 능력을 평가합니다.

2) 중간평가와 종합평가 구술시험 문제는 배운 내용에서 출제됩니다. 단, 사전평가는 배운 내용이 아닌 응시자가 기존에 알고 있는 지식을 평가합니다.

3) 진행 순서

※ 시험장마다 입실 인원, 감독 인원 등 세부 내용은 다를 수 있습니다.

① 구술시험은 필기시험과 같은 날, 필기시험이 끝난 후에 실시됩니다.

② 구술시험은 한 사람당 약 10분간 진행됩니다.

③ 시험은 5문항이 출제되며, 2명의 구술시험 감독관이 동시에 평가합니다.

④ 사전평가는 5명씩, 중간평가와 종합평가는 2명씩 입실합니다.

2. 구술시험장 미리 보기

1) 대기실에서 준비하기

① 구술시험 채점표를 2장 받습니다.

② 2장의 구술시험 채점표에 성명, 외국인등록번호, 시험일, 지역을 정확히 적습니다.

예시

구술시험 채점표

□ **평가 구분** : 사전평가

성 명	Hong Gil Dong	시 험 일	20××.11.30	구 술 시험관	성명	
외국인등록번호	900000-5000000	지 역	서울		서명	

③ 작성한 구술시험 채점표와 외국인등록증을 들고 대기합니다.

④ 감독관이 이름을 부르면 구술시험 채점표와 외국인등록증을 들고 부르는 곳으로 갑니다.

2) 구술시험 보기

① 시험장에 입실합니다.

② 예의 바르게 인사를 하고 감독관에게 외국인등록증과 구술시험 채점표를 제출합니다.

③ 지정된 자리에 앉아서 책상 위에 놓인 구술시험 문제지를 읽습니다.

④ 문제지를 읽고 감독관의 질문에 대답합니다.

⑤ 답변을 할 때는 최대한 바른 자세로 대답합니다.

⑥ 감독관의 질문이 이해가 되지 않을 때는 "다시 한번 질문해 주시면 감사하겠습니다." 또는 "조금 더 자세히 설명해 주실 수 있으신가요?"라고 정중하게 요청합니다.

> **Tip**
> • 정답만 간단히 정리하여 대답해야 높은 점수를 받을 수 있습니다.
> • 질문과 관계없는 대답을 하면 좋은 점수를 받을 수 없습니다.
> • 감독관이 질문할 때는 감독관의 눈을 쳐다보며 질문을 듣습니다.
> • 답을 말할 때는 감독관이 잘 들을 수 있도록 큰 목소리로 자신 있게, 또박또박 대답해야 합니다.
> • 질문에 답할 때는 "○○입니다.", "○○라고 생각합니다."와 같이 정확한 문법과 존댓말을 사용해 어순에 맞는 문장 형태로 대답해야 합니다.

⑦ 시험이 끝난 후 감독관에게 인사를 합니다.

⑧ 감독관에게 제출한 외국인등록증을 반드시 돌려받은 후 시험장을 나가야 합니다.

⑨ 시험장에서 나온 후, 짐을 챙겨 집으로 돌아갑니다.

3. 평가 단계별 구술시험 미리 보기

1) 사전평가

① 주어진 글을 소리 내어 읽기
- 천천히 또박또박 글을 읽어야 합니다.
- 글을 읽을 때 발음, 휴지, 억양이 얼마나 정확한지 확인합니다.

② 말하기
- 읽은 글의 내용을 잘 이해하고 있는지 평가합니다.
- 지문의 내용을 있는 그대로 읽기보다는 자신이 이해하고 있는 내용을 문법에 맞춰 차분하게 또박또박 말하는 것이 중요합니다. 이때 발음, 휴지, 억양도 중요한 평가 요소가 됩니다.

③ 대화하기 1
- 읽은 내용과 같거나 비슷한 경험을 살려 대화할 수 있어야 합니다.
- 읽은 내용과 같거나 비슷한 주제와 관련하여 본인의 나라와 관련된 질문을 받게 됩니다. 읽은 내용과 관련지어 질문에 대답할 수 있어야 합니다.

④·⑤ 대화하기 2
- 문화와 역사, 정치, 경제와 관련된 내용으로 대화할 수 있어야 합니다.
- 본인 나라의 문화, 역사, 정치, 경제를 주제로 대화가 가능해야 합니다.

2) 중간평가

① 주어진 글을 읽고 내용에 대한 질문에 답하기
- 지문을 소리 내지 않고 읽은 후, 내용에 대한 질문에 답할 수 있어야 합니다.

② 말하기
- 읽은 글의 내용을 잘 이해하고 있는지 평가합니다.
- 지문의 내용을 있는 그대로 읽기보다는 자신이 이해하고 있는 내용을 문법에 맞춰 차분하게 또박또박 말하는 것이 중요합니다. 이때 발음, 휴지, 억양도 중요한 평가 요소가 됩니다.

③ 대화하기 1
- 읽은 내용과 같거나 비슷한 경험을 살려 대화할 수 있어야 합니다.
- 읽은 내용과 같거나 비슷한 주제와 관련하여 본인의 나라와 관련된 질문을 받게 됩니다. 읽은 내용과 관련지어 질문에 대답할 수 있어야 합니다.

④·⑤ 대화하기 2
- 문화와 역사, 정치, 경제와 관련된 내용으로 대화할 수 있어야 합니다.
- 본인 나라의 문화, 역사, 정치, 경제를 주제로 대화가 가능해야 합니다.

3) 종합평가

〈영주용 종합평가〉

① 주어진 그림이나 글을 보고 관련된 질문에 답하기
   - 주어진 그림이나 글을 보고 질문에 답할 수 있어야 합니다.

② 말하기
   - 읽은 글의 내용을 잘 이해하고 있는지 평가합니다.
   - 지문의 내용을 있는 그대로 읽기보다는 자신이 이해하고 있는 내용을 문법에 맞춰 차분하게 또박또박 말하는 것이 중요합니다. 이때 발음, 휴지, 억양도 중요한 평가 요소가 됩니다.

③ 대화하기 1
   - 읽은 내용과 같거나 비슷한 경험을 살려 대화할 수 있어야 합니다.
   - 읽은 내용과 같거나 비슷한 주제와 관련하여 본인의 나라와 관련된 질문을 받게 됩니다. 읽은 내용과 관련지어 질문에 대답할 수 있어야 합니다.

④ · ⑤ 대화하기 2
   - 문화와 역사, 정치, 경제와 관련된 내용으로 대화할 수 있어야 합니다.
   - 본인 나라의 문화, 역사, 정치, 경제를 주제로 대화가 가능해야 합니다.

〈귀화용 종합평가〉

① 주어진 그림이나 글을 보고 관련된 질문에 답하기
   - 주어진 그림이나 글을 보고 질문에 답할 수 있어야 합니다.

② 말하기
   - 읽은 글의 내용을 잘 이해하고 있는지 평가합니다.
   - 지문의 내용을 있는 그대로 읽기보다는 자신이 이해하고 있는 내용을 문법에 맞춰 차분하게 또박또박 말하는 것이 중요합니다. 이때 발음, 휴지, 억양도 중요한 평가 요소가 됩니다.

③ 대화하기 1
   - 읽은 내용과 같거나 비슷한 경험을 살려 대화할 수 있어야 합니다.
   - 읽은 내용과 같거나 비슷한 주제와 관련하여 본인의 나라와 관련된 질문을 받게 됩니다. 읽은 내용과 관련지어 질문에 대답할 수 있어야 합니다.

④ 대화하기 2
   - 문화와 역사, 정치, 경제와 관련된 내용으로 대화할 수 있어야 합니다.
   - 본인 나라의 문화, 역사, 정치, 경제를 주제로 대화가 가능해야 합니다.

⑤ 애국가 부르기, 질문에 대답하기

 - 귀화용 종합평가의 5번 질문은 두 문제입니다. 수험생이 애국가를 부른 후, 감독관이
   질문을 합니다.
 - 애국가를 감독관 앞에서 부를 수 있어야 합니다. 애국가는 음절에 맞게 불러야 하지만
   노래를 못할 경우 가사를 틀리지 않게 정확히 외워서 대답해도 됩니다.
 - 애국가를 부르고 나면 감독관이 질문을 합니다. 이때 질문은 정치, 역사, 경제, 사회 분
   야와 관련된 질문으로, 질문에 맞는 대답을 해야 합니다.

제 2 장

구술시험 예상 문제

주제	예상 문제
한국의 상징	• 대한민국을 상징하는 것에 어떤 것이 있는지 말해 보십시오. ➡ 태극기, 무궁화, 한글이 있습니다. • 한글 모음은 몇 개이고, 모음의 창제 원리는 무엇인지 말해 보십시오. ➡ 모음은 10개입니다. 모음은 하늘(·), 땅(ㅡ), 사람(ㅣ)의 모양을 본떠 만들었습니다. • 한글 자음은 몇 개이고, 자음의 창제 원리는 무엇인지 말해 보십시오. ➡ 자음은 14개입니다. 자음은 사람의 발음기관의 모양을 본떠 만들었습니다. **예상 문제 더 보기** • 한글과 고향에서 쓰는 문자의 비슷한 점과 다른 점을 말해 보십시오.
장소	• 수도권 명소 중 가 본 곳이 있습니까? 그 명소는 어떤 곳인지 말해 보십시오. ➡ 청와대에 가 본 적이 있습니다. 청와대는 대통령이 직무를 보며 거주하던 곳으로 현재는 국민에게 개방되어 있습니다. • 한국에서 가 본 적이 있었던 축제나 알고 있는 유명한 축제가 있다면 소개해 보십시오. ➡ 작년 봄 고양시에서 열린 국제꽃박람회에 가 본 적이 있습니다. 국제꽃박람회에서는 직접 참여할 수 있는 여러 가지 프로그램이 있으며, 세계 작가의 작품도 볼 수 있는 국내 최대 규모의 꽃 축제입니다.
가족	• 저출산(저출생)의 원인은 무엇이라고 생각하는지 말해 보십시오. ➡ 일과 자녀 양육을 동시에 해내기 어렵고, 경제적으로 부담이 크기 때문이라고 생각합니다. • 저출산(저출생)으로 나타나는 문제는 무엇인지 말해 보십시오. ➡ 저출산이 지속되면 경제 활동 인구가 감소하여 노동력이 부족해집니다. 이와 반대로 복지 서비스를 받는 노년층은 계속 증가하여 국가의 경제에 큰 문제가 발생할 수 있습니다. **예상 문제 더 보기** • 한국 가족의 특징과 고향 가족의 특징을 말해 보십시오. • 한국의 저출산(저출생)과 고령화로 나타난 문제를 말해 보십시오. • 한국의 저출산(저출생)과 고령화를 해결할 수 있는 방법은 무엇이 있는지 말해 보십시오.

대중교통	• 한국에서 자주 이용하는 대중교통은 무엇인지 말해 보십시오. ➡ 지하철을 자주 이용합니다. 지하철은 다른 대중교통보다 이동 시간이 정확하고 빠르기 때 문입니다. • 대중교통의 불편한 점과 편리한 점을 말해 보십시오. ➡ 출퇴근 시간에는 사람이 너무 많아서 불편합니다. 그러나 가격이 저렴하고 이동 시간이 빨 라서 편리합니다. **예상 문제 더 보기** • 한국의 대중교통과 고향의 대중교통의 다른 점을 말해 보십시오.
계절과 날씨	• 한국 계절의 특징을 말해 보십시오. ➡ 한국은 봄, 여름, 가을, 겨울 사계절이 있습니다. 봄은 따뜻하고, 여름은 덥고 비가 많이 옵 니다. 그리고 가을은 맑고 시원하며, 겨울은 춥고 눈이 옵니다. • 한국의 사계절 중 어떤 계절을 가장 좋아합니까? 그 이유는 무엇입니까? ➡ 사계절 중 겨울을 좋아합니다. 우리 고향은 눈이 안 오는데 한국의 겨울은 눈이 내려서 아 름답습니다. **예상 문제 더 보기** • 한국의 계절과 고향의 계절을 비교해 보십시오.
음식	• 외식할 때 어떤 음식을 주로 먹습니까? 그 이유는 무엇입니까? ➡ 외식을 하면 갈비탕을 먹으러 갑니다. 고향의 음식과 비슷해서 자주 먹습니다. • 식당을 고를 때 무엇을 중요하게 생각하는지 말해 보십시오. ➡ 식당 직원들이 친절하게 손님을 대하는 것이 중요하다고 생각합니다. 그래서 서비스가 좋 은 식당을 찾아 갑니다. **예상 문제 더 보기** • 본인이 알고 있는 한국의 유명한 식당을 소개해 보십시오.

초대와 방문	• 집들이란 무엇인지 말해 보십시오. ➡ 집들이란 새로운 곳으로 이사를 하면 가족이나 친척, 친구들을 집으로 초대하는 것입니다. • 한국에서는 집들이에 초대를 받으면 무엇을 선물합니까? 그 선물의 의미는 무엇입니까? ➡ 한국에서는 집들이에 초대를 받으면 휴지나 세제를 선물합니다. 휴지는 모든 일이 잘 풀리기를 바라는 마음으로 주는 선물이고, 세제는 빨래할 때 나오는 거품처럼 돈을 많이 벌어서 부자가 되라는 의미가 있습니다. **예상 문제 더 보기** • 고향에서는 집들이를 갈 때 어떤 선물을 하는지 말해 보십시오. • 축의금은 어떤 의미가 있는지 말해 보십시오. • 한국의 축의금 문화에 대해 어떻게 생각하는지 말해 보십시오. • 한국의 결혼식(또는 장례식, 동창회, 동호회, 회식)에 간 적이 있습니까? 결혼식(또는 장례식, 동창회, 동호회, 회식)에서 무엇을 합니까? • 한국의 결혼식(또는 장례식, 동창회, 동호회, 회식)과 고향의 결혼식(또는 장례식, 동창회, 동호회, 회식)의 다른 점을 말해 보십시오. • 한국은 연고를 중요하게 생각합니다. 연고에는 어떤 것이 있는지 말해 보십시오. • 향우회란 무엇인지 말해 보십시오.
국경일과 특별한 날	• 한국의 국경일과 그 의미를 말해 보십시오. ➡ 한국의 국경일은 3월 1일 3·1절, 7월 17일 제헌절, 8월 15일 광복절, 10월 3일 개천절, 10월 9일 한글날이 있습니다. 3·1절은 1919년에 독립운동을 한 날입니다. 제헌절은 1948년에 헌법을 공포한 날입니다. 광복절은 1945년에 일본으로부터 나라를 되찾은 날입니다. 개천절은 한국의 최초 국가인 고조선이 세워진 날을 기념하는 날입니다. 한글날은 세종대왕이 한글을 만든 날을 기념하는 날입니다. **예상 문제 더 보기** • 고향의 기념일을 소개해 보십시오. • 고향의 국경일을 소개해 보십시오. • 한국의 기념일과 그 의미를 말해 보십시오.

명절	• 한국의 5대 명절을 말해 보십시오. ➡ 설, 정월 대보름, 한식, 단오, 추석, 동지입니다. • 5대 명절에는 각각 어떤 음식을 먹습니까? 그 음식에 담긴 의미는 무엇입니까? ➡ 설에는 떡국을 먹습니다. 떡국은 건강하게 오래 살기를 기원하는 의미로 먹습니다. 정월 대보름에는 오곡밥을 먹습니다. 오곡밥은 한 해의 건강을 기원하는 의미로 먹습니다. 한식에는 불을 피우지 않기 때문에 차가운 음식을 먹습니다. 단오에는 쑥떡이나 수리취떡을 먹습니다. 나쁜 기운을 막아준다는 의미로 먹습니다. 추석에는 송편을 먹습니다. 한 해 농사가 잘 되게 해주신 조상님께 감사하는 마음으로 먹습니다. 동지에는 팥죽을 먹습니다. 팥죽은 나쁜 기운을 쫓아낸다는 의미로 먹습니다. **예상 문제 더 보기** • 한국의 명절과 고향의 명절을 비교해 보십시오. • 고향의 명절과 명절에 먹는 음식을 소개해 보십시오.
인터넷과 스마트폰	• 인터넷으로 정보를 검색할 때의 장점을 말해 보십시오. ➡ 원하는 정보를 쉽고 빠르게 찾을 수 있습니다. • 정보를 검색할 때 어떤 점을 주의해야 하는지 말해 보십시오. ➡ 개인정보가 유출되지 않도록 조심해야 합니다. **예상 문제 더 보기** • 인터넷의 장점은 무엇인지 말해 보십시오. • 인터넷 뱅킹의 장점과 단점을 말해 보십시오. • 인터넷으로 정보 검색 외에 무엇을 하는지 말해 보십시오.
건강	• 건강한 생활을 위해 무엇을 하고 있는지 말해 보십시오. ➡ 건강한 생활을 위해 매일 한 시간씩 꾸준히 운동합니다. • 건강을 지키기 위해 어떤 음식을 먹어야 한다고 생각하는지 말해 보십시오. ➡ 너무 짠 음식은 먹지 않으며, 편식하지 말고 골고루 먹어야 합니다.
고민과 상담	• 윗사람에게 오해를 받은 적이 있습니까? 그 이유는 무엇입니까? ➡ 네, 있습니다. 직장 상사에게 반말을 사용해서 오해를 받은 적이 있었습니다. 작년에 처음 한국에 왔을 때, 한국어가 익숙하지 않아서 반말과 높임말(존댓말)을 구분하는 것이 좀 어려웠습니다. **예상 문제 더 보기** • 고향에서 꼭 지켜야 하는 예절을 말해 보십시오. • 고향에도 한국의 존댓말과 같은 문화가 있는지 말해 보십시오. • 한국의 예절과 고향의 예절 중 비슷한 점과 다른 점을 말해 보십시오. • 한국의 예절을 몰라서 실수한 적이 있습니까? 어떤 실수를 했는지 말해 보십시오.

교환과 환불	• 주로 어디에서 쇼핑합니까? ➡ 주로 인터넷으로 물건을 구입합니다. • 왜 거기에서 쇼핑합니까? ➡ 일을 하느라고 쇼핑할 시간이 없고, 인터넷에서는 가격도 쉽게 비교할 수 있어서 좋은 물건을 저렴하게 구입할 수 있습니다. **예상 문제 더 보기** • 고향에서 유명한 시장(또는 마트)은 어디입니까? 그곳이 왜 유명합니까?
경제	• 한강의 기적이란 무엇인지 말해 보십시오. ➡ 한강의 기적은 과거에 매우 가난했던 한국이 믿기 어려울 정도로 빠르게 성장을 한 것을 말합니다. • 한국 경제가 발전할 수 있었던 중요한 요인은 무엇인지 말해 보십시오. ➡ 국민의 의지, 풍부한 노동력, 높은 교육열 덕분에 한국은 발전할 수 있었습니다. 특히, 한국은 높은 교육열로 우수한 인재를 많이 길러낼 수 있었고, 그들은 경제 성장에 큰 도움이 되었습니다. **예상 문제 더 보기** • 한국의 주요 수출품이나 기술은 무엇인지 말해 보십시오. • 고향의 지폐에 있는 사람(또는 사물)의 이름은 무엇인지 말해 보십시오. • 한국 지폐에 있는 사람들의 이름은 무엇입니까? 그중에서 한 분의 업적을 말해 보십시오. • 생활비를 아끼기 위해 무엇을 하는지 말해 보십시오. • 생활비 중에서 가장 많이 쓰는 것은 무엇입니까? 그 이유는 무엇입니까? • 고향에서 물건을 싸게 살 수 있는 방법은 무엇이 있는지 말해 보십시오.
주거 환경	• 도시의 장점과 단점을 말해 보십시오. ➡ 도시에는 중요한 기관, 병원 등과 같이 시설이 모여 있습니다. 그리고 편의 시설과 문화 시설이 많습니다. 그러나 사람이 많아 공기가 탁하고 교통이 복잡합니다. • 농촌의 장점과 단점을 말해 보십시오. ➡ 농촌은 공기가 맑고 한적합니다. 그러나 편의 시설과 문화 시설이 없어서 생활이 불편합니다. **예상 문제 더 보기** • 여러분은 도시와 농촌 중에서 어디에 살고 싶습니까? 그 이유는 무엇입니까? • 한국 사람들이 농촌보다 도시에서 거주하는 것을 선호하는 이유는 무엇인지 말해 보십시오. • 사람들이 도시로 몰리면 어떤 문제가 발생합니까? 그 문제를 해결할 방법에는 무엇이 있는지 말해 보십시오.

공공기관과 복지	• 외국인이 한국 생활에 어려움을 겪거나 도움이 필요하여 상담이나 지원을 받을 수 있는 기관에는 어떤 곳이 있습니까? ➡ 외국인 상담 센터(외국인 지원 센터)가 있습니다. • 그곳에서 어떤 도움을 받을 수 있습니까? ➡ 기본적인 생활 정보, 출입국 정보, 의료 정보, 전문적인 노동 상담 등을 받을 수 있고, 통·번역 서비스도 받을 수 있습니다. **예상 문제 더 보기** • 외국인에게 필요한 지원 서비스는 무엇이라고 생각하는지 말해 보십시오. • 한국의 긴급 전화번호는 몇 번입니까? 그곳에 전화하면 어떤 도움을 받을지 말해 보십시오. • 공공부조란 무엇인지 말해 보십시오. • 고향에도 사회 보험 제도나 공공부조 제도가 있으면 소개해 보십시오. • 한국의 사회 보험 제도에는 무엇이 있습니까? 제도 중 하나를 말해 보십시오.
문화생활	• 한국 생활 초기에 어려웠던 점은 무엇인지 말해 보십시오. ➡ 처음 한국에 왔을 때 한국어가 부족하여 다른 사람과 의사소통이 안 되어서 답답했습니다. • 요즘 한국 생활은 어떻습니까? 어려움을 어떻게 극복했는지 말해 보십시오. ➡ 한국어를 열심히 배워서 이제는 의사소통에 어려움이 없습니다. 한국 생활에 많이 익숙해졌습니다. **예상 문제 더 보기** • 고향 친구가 한국에 오면 무엇을 하고 싶은지 말해 보십시오. • 한국의 '방' 문화를 알고 있습니까? 어떤 것이 있는지 말해 보십시오. • 한국에는 어떤 대중문화가 있습니까? 그중 어떤 대중문화를 좋아합니까? 왜 그것을 좋아합니까? • 한국에는 다양한 배달 서비스가 있습니다. 배달 서비스를 이용해본 적이 있습니까? 어땠습니까?
고장과 수리	• 한국에서 전자 제품이 고장 나서 수리한 경험이 있습니까? 어떻게 수리했는지 말해 보십시오. ➡ 네, 휴대 전화가 고장이 나서 수리한 적이 있습니다. 먼저 서비스 센터에 전화를 해서 날짜와 시간을 예약했습니다. 그리고 예약한 날짜에 방문해 고장이 난 부분을 설명하고 휴대 전화 수리를 맡겼습니다.

취업과 직장 생활	• 실업률이 증가하면 개인과 기업, 국가에 각각 어떤 영향을 미치는지 말해 보십시오. ➡ 실업률이 증가한다는 의미는 일을 하지 못하는 사람이 늘어난다는 의미이며, 실업률이 증가하면 개인은 돈을 벌지 못해 기본적인 생활을 유지하기 힘듭니다. 개인의 소비가 감소하면 기업은 생산을 줄이고, 국가는 줄어든 세금으로 국민에게 다양한 복지 혜택을 제공하지 못합니다. • 한국의 취업 지원 제도에는 어떤 것이 있는지 말해 보십시오. ➡ 경력단절여성을 위한 프로그램, 청년을 위한 프로그램, 결혼 이민자를 위한 프로그램, 북한 이탈주민을 위한 프로그램 등이 있습니다. **예상 문제 더 보기** • 봉사활동을 해본 적이 있습니까? 어땠습니까? • 직장 생활을 잘하기 위한 방법에는 어떤 방법이 있는지 말해 보십시오. • 청년 실업 문제를 해결하기 위해 정부는 어떤 지원을 해야 하는지 말해 보십시오. • 직장 생활 중 가장 어려운 점은 무엇입니까? 어려움을 극복하기 위한 방법에는 무엇이 있는지 말해 보십시오.
문화유산	• 유네스코 세계문화유산 위원회는 어떤 곳인지 말해 보십시오. ➡ 유네스코 세계문화유산 위원회는 세계적으로 중요한 문화재를 지키기 위해 세계문화유산으로 지정하여 보존하고 연구하는 곳입니다. • 한국의 문화유산 중 한국의 서원은 어떤 시설인지 말해 보십시오. ➡ 한국의 서원은 조선 시대 교육 시설로, 유학(儒學)을 가르치던 곳입니다. **예상 문제 더 보기** • 고향의 문화유산에는 어떤 것이 있는지 소개해 보십시오. • 친구 또는 가족에게 추천하고 싶은 한국의 문화유산을 소개해 보십시오. • 여러분의 나라에 세계문화유산으로 등재된 것이 있으면 소개해 보십시오.

교육 제도	• 한국의 의무 교육과 무상 교육에 대해 말해 보십시오. ➡ 의무 교육은 반드시 교육을 받아야 하는 기간을 말합니다. 한국의 초등학교와 중학교는 의무 교육입니다. 무상 교육은 무료로 교육을 받을 수 있는 기간을 말합니다. 한국의 초등학교, 중학교, 고등학교는 모두 무상 교육입니다. • 한국의 대학교 입시에 대해 말해 보십시오. ➡ 한국에서는 1년에 한 번 11월에 대학 입시를 위한 시험을 치릅니다. 대학 수학 능력 시험 줄여서 수능이라고 하며 학생들은 이 시험을 위해 초등학교부터 고등학교까지 열심히 공부를 합니다. **예상 문제 더 보기** • 한국의 교육 학제와 고향의 교육 학제 중 비슷한 점과 다른 점을 말해 보십시오. • 한국의 대학교 입시와 고향의 대학교 입시 중 비슷한 점과 다른 점을 말해 보십시오. • 한국의 교육열이 높은 이유는 무엇인지 말해 보십시오. • 고향의 교육열은 한국과 비교해서 어떠한지 말해 보십시오. • 교육열이 높아서 생기는 긍정적인 측면과 부정적인 측면을 말해 보십시오. • 한국의 사교육을 설명해 보십시오. • 여러분은 사교육을 찬성합니까? 반대합니까? 그 이유는 무엇입니까?
선거와 투표	• 지방자치제란 무엇인지 말해 보십시오. ➡ 지역 주민이 직접 자기 지역의 대표자를 뽑아서 그 지역의 정치와 행정을 처리하는 제도를 지방자치제라고 합니다. • 지방자치단체장에게 지역의 일을 해결하도록 하는 이유는 무엇인지 말해 보십시오. ➡ 정부가 각 지역의 요구를 모두 처리하기 어렵기 때문에 지방자치단체장에게 지역의 일을 맡겨 해결하게 합니다. **예상 문제 더 보기** • 대한민국 선거의 4대 원칙을 말해 보십시오. • 고향에서 지역의 대표를 뽑는 방법을 말해 보십시오.

환경오염	• 환경오염의 종류에는 무엇이 있는지 말해 보십시오. ➡ 대기오염, 수질오염, 토양오염 등이 있습니다. • 어떤 환경오염이 가장 심각하다고 생각하는지 말해 보십시오. ➡ 수질 오염이 가장 심각하다고 생각합니다. • 환경을 보호하기 위한 방법에는 어떤 것이 있는지 말해 보십시오. ➡ 일회용품이나 플라스틱 사용을 줄이고, 텀블러나 다회용기를 이용하면 좋습니다. 그리고 가까운 거리는 최대한 걷거나 자전거를 타고 다니면 환경을 지킬 수 있습니다. **예상 문제 더 보기** • 재활용 쓰레기에 대해 말해 보십시오. • 환경을 보호하기 위해 어떤 노력을 하고 있는지 말해 보십시오. • 한국에서 음식물 쓰레기와 일반 쓰레기를 버리는 방법을 말해 보십시오. • 한국의 쓰레기를 버리는 방법에 대해 어떻게 생각하는지 말해 보십시오. • 한국에서 쓰레기를 버리는 방법과 고향에서 쓰레기를 버리는 방법 중 비슷한 점과 다른 점을 말해 보십시오.
법과 질서	• 한국의 경범죄는 무엇인지 말해 보십시오. ➡ 무단횡단, 금연 구역에서 담배 피우기, 쓰레기 불법 투기, 인근 소란, 무단침입 등이 있습니다. • 법과 질서를 지켜야 하는 이유는 무엇인지 말해 보십시오. ➡ 법과 질서를 지키지 않는다면 길거리는 금방 더러워질 것이고, 나쁜 행동을 저지르는 사람이 많아져 안전하지 않은 사회가 될 것입니다. 깨끗하고 안전하게 살아가기 위해서 법과 질서는 꼭 지켜야 합니다. **예상 문제 더 보기** • 한국은 민주주의 국가입니다. 헌법 제1장 제1조를 말해 보십시오. • 대한민국을 민주공화국이라고 하는데 민주공화국의 의미를 말해 보십시오. • 대한민국이 지금의 민주주의 국가로 발전하게 된 여러 사건들이 있습니다. 어떤 사건이 있는지 말해 보십시오. • 헌법이 보장하는 국민의 기본적인 권리를 기본권이라고 합니다. 기본권에는 무엇이 있는지 말해 보십시오. • 대한민국에서는 범죄를 저지른 사람에게 형법을 적용하고 있습니다. 형벌의 종류를 말해 보십시오.

답안 작성 방법 안내

컴퓨터용 검은색 사인펜

가는 부분: 주관식 작성용

굵은 부분: 객관식 작성용

※ 객관식 답안은 OMR 카드에 작성합니다.

올바른 마킹

GOOD   BAD

잘못된 필기구 사용과 답안지의 불완전한 마킹으로 인한 답안 작성 오류는 본인에게 책임이 있음

사회통합프로그램 기본소양 평가답안지 □사전평가 □중간평가 □종합평가

외국인등록번호

(숫자 마킹란 0~9)

시험지 유형	응시 이름	객관식

Ⓐ Ⓑ

※ 주관식(단답형) 답은 뒷면에 기입하십시오.

문항	①	②	③	④
1	①	②	③	④
2	①	②	③	④
3	①	②	③	④
4	①	②	③	④
5	①	②	③	④
6	①	②	③	④
7	①	②	③	④
8	①	②	③	④
9	①	②	③	④
10	①	②	③	④
11	①	②	③	④
12	①	②	③	④
13	①	②	③	④
14	①	②	③	④
15	①	②	③	④
16	①	②	③	④
17	①	②	③	④
18	①	②	③	④
19	①	②	③	④
20	①	②	③	④
21	①	②	③	④
22	①	②	③	④
23	①	②	③	④
24	①	②	③	④
25	①	②	③	④
26	①	②	③	④
27	①	②	③	④
28	①	②	③	④
29	①	②	③	④
30	①	②	③	④
31	①	②	③	④
32	①	②	③	④
33	①	②	③	④
34	①	②	③	④
35	①	②	③	④
36	①	②	③	④
37	①	②	③	④
38	①	②	③	④
39	①	②	③	④
40	①	②	③	④
41	①	②	③	④
42	①	②	③	④
43	①	②	③	④
44	①	②	③	④
45	①	②	③	④
46	①	②	③	④
47	①	②	③	④
48	①	②	③	④

※ 감독자만 기입하십시오.

주관식1	주관식2	구술평가	감독 서명

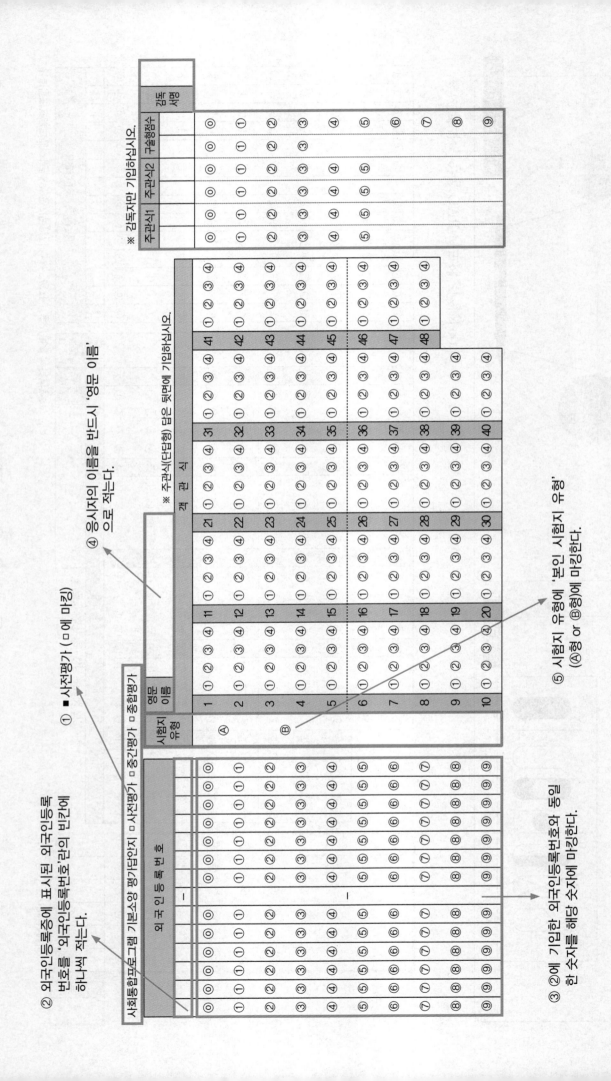

① ■ 사전평가 (□에 마킹)

② 외국인등록증에 표시된 외국인등록
번호를 '외국인등록번호'란의 빈칸에
하나씩 적는다.

④ 응시자의 이름을 반드시 '영문 이름'
으로 적는다.

※ 감독자만 기입하십시오.

※ 주관식(단답형) 답은 뒷면에 기입하십시오.

⑤ 시험지 유형에 '본인 시험지 유형'
(Ⓐ형 or Ⓑ형)에 마킹한다.

③ ②에 기입한 외국인등록번호와 동일
한 숫자를 해당 숫자에 마킹한다.

사회통합프로그램 기본소양 평가답안지 □사전평가 □중간평가 □종합평가

외 국 인 등 록 번 호

⓪	⓪	⓪	⓪	⓪	⓪		⓪	⓪	⓪	⓪	⓪	⓪
①	①	①	①	①	①	—	①	①	①	①	①	①
②	②	②	②	②	②		②	②	②	②	②	②
③	③	③	③	③	③		③	③	③	③	③	③
④	④	④	④	④	④		④	④	④	④	④	④
⑤	⑤	⑤	⑤	⑤	⑤		⑤	⑤	⑤	⑤	⑤	⑤
⑥	⑥	⑥	⑥	⑥	⑥		⑥	⑥	⑥	⑥	⑥	⑥
⑦	⑦	⑦	⑦	⑦	⑦		⑦	⑦	⑦	⑦	⑦	⑦
⑧	⑧	⑧	⑧	⑧	⑧		⑧	⑧	⑧	⑧	⑧	⑧
⑨	⑨	⑨	⑨	⑨	⑨		⑨	⑨	⑨	⑨	⑨	⑨

주관식 1

시험지 유형
답안 이름
ⓐ ⓑ

객 관 식

※ 주관식(단답형) 답은 뒷면에 기입하십시오.

1	① ② ③ ④	11	① ② ③ ④	21	① ② ③ ④	31	① ② ③ ④	41	① ② ③ ④
2	① ② ③ ④	12	① ② ③ ④	22	① ② ③ ④	32	① ② ③ ④	42	① ② ③ ④
3	① ② ③ ④	13	① ② ③ ④	23	① ② ③ ④	33	① ② ③ ④	43	① ② ③ ④
4	① ② ③ ④	14	① ② ③ ④	24	① ② ③ ④	34	① ② ③ ④	44	① ② ③ ④
5	① ② ③ ④	15	① ② ③ ④	25	① ② ③ ④	35	① ② ③ ④	45	① ② ③ ④
6	① ② ③ ④	16	① ② ③ ④	26	① ② ③ ④	36	① ② ③ ④	46	① ② ③ ④
7	① ② ③ ④	17	① ② ③ ④	27	① ② ③ ④	37	① ② ③ ④	47	① ② ③ ④
8	① ② ③ ④	18	① ② ③ ④	28	① ② ③ ④	38	① ② ③ ④	48	① ② ③ ④
9	① ② ③ ④	19	① ② ③ ④	29	① ② ③ ④	39	① ② ③ ④		
10	① ② ③ ④	20	① ② ③ ④	30	① ② ③ ④	40	① ② ③ ④		

주관식 2

※ 감독자만 기입하십시오.

주관식1	주관식2	구술점수	감독서명
⓪ ① ② ③ ④ ⑤	⓪ ① ② ③ ④ ⑤	⓪ ① ② ③	
⓪ ① ② ③ ④ ⑤	⓪ ① ② ③ ④ ⑤	⓪ ① ② ③	
⓪ ① ② ③ ④ ⑤	⓪ ① ② ③ ④ ⑤	⓪ ① ② ③ ④ ⑤ ⑥ ⑦ ⑧ ⑨	

사회통합프로그램 기본소양 평가답안지 □사전평가 □중간평가 □종합평가

※ 감독자만 기입하십시오.

감독자 서명	구술형점수	주관식2		주관식1	

※ 주관식(단답형) 답은 뒷면에 기입하십시오.

외국인등록번호

영문이름

시험지유형 Ⓐ Ⓑ

주관식 1

주관식 2

절취선

절취선

사회통합프로그램 기본소양 평가답안지 □사전평가 □중간평가 □종합평가

외국인등록번호

⓪	⓪	⓪	⓪	⓪		—	⓪	⓪	⓪	⓪	⓪	⓪	⓪
①	①	①	①	①	①	—	①	①	①	①	①	①	①
②	②	②	②	②	②		②	②	②	②	②	②	②
③	③	③	③	③	③		③	③	③	③	③	③	③
④	④	④	④	④	④		④	④	④	④	④	④	④
⑤	⑤	⑤	⑤	⑤	⑤		⑤	⑤	⑤	⑤	⑤	⑤	⑤
⑥	⑥	⑥	⑥	⑥	⑥		⑥	⑥	⑥	⑥	⑥	⑥	⑥
⑦	⑦	⑦	⑦	⑦	⑦		⑦	⑦	⑦	⑦	⑦	⑦	⑦
⑧	⑧	⑧	⑧	⑧	⑧		⑧	⑧	⑧	⑧	⑧	⑧	⑧
⑨	⑨	⑨	⑨	⑨	⑨		⑨	⑨	⑨	⑨	⑨	⑨	⑨

시험지 유형 / 영문이름

시험지 유형		객 관 식				
Ⓐ Ⓑ						

※ 주관식(단답형) 답은 뒷면에 기입하십시오.

	객 관 식			
1	①	②	③	④
2	①	②	③	④
3	①	②	③	④
4	①	②	③	④
5	①	②	③	④
6	①	②	③	④
7	①	②	③	④
8	①	②	③	④
9	①	②	③	④
10	①	②	③	④
11	①	②	③	④
12	①	②	③	④
13	①	②	③	④
14	①	②	③	④
15	①	②	③	④
16	①	②	③	④
17	①	②	③	④
18	①	②	③	④
19	①	②	③	④
20	①	②	③	④
21	①	②	③	④
22	①	②	③	④
23	①	②	③	④
24	①	②	③	④
25	①	②	③	④
26	①	②	③	④
27	①	②	③	④
28	①	②	③	④
29	①	②	③	④
30	①	②	③	④
31	①	②	③	④
32	①	②	③	④
33	①	②	③	④
34	①	②	③	④
35	①	②	③	④
36	①	②	③	④
37	①	②	③	④
38	①	②	③	④
39	①	②	③	④
40	①	②	③	④
41	①	②	③	④
42	①	②	③	④
43	①	②	③	④
44	①	②	③	④
45	①	②	③	④
46	①	②	③	④
47	①	②	③	④
48	①	②	③	④

주관식 1

주관식 2

※ 감독자만 기입하십시오.

주관식1	주관식2	구술점수	감독위원
⓪	⓪	⓪	
①	①	①	
②	②	②	
③	③	③	
④	④	④	
⑤	⑤	⑤	
		⑥	
		⑦	
		⑧	
		⑨	

사회통합프로그램 기본소양 평가답안지 □사전평가 □중간평가 □종합평가

※ 감독자만 기입하십시오.

	감독서명	구술평점수	주관식2		주관식1	
		⓪	⓪	⓪	⓪	⓪
		①	①	①	①	①
		②	②	②	②	②
		③	③	③	③	③
		④		④	④	④
		⑤		⑤	⑤	⑤
		⑥				
		⑦				
		⑧				
		⑨				

주관식 2

주관식 1

※ 주관식(단답형) 답은 뒷면에 기입하십시오.

객관식

영문이름	시험지유형

Ⓐ Ⓑ

번호	1	2	3	4	5	6	7	8	9	10	11	12	13	14	15	16	17	18	19	20	21	22	23	24	25	26	27	28	29	30	31	32	33	34	35	36	37	38	39	40	41	42	43	44	45	46	47	48

각 문항 선택지 ① ② ③ ④

외국인등록번호 / 국내거소신고번호

| ⓪ ① ② ③ ④ ⑤ ⑥ ⑦ ⑧ ⑨ |

사회통합프로그램 기본소양 평가답안지 □사전평가 □중간평가 □종합평가

외국인등록번호

주관식 1

주관식 2

답안 이름	객관식								

시험지 유형 Ⓐ Ⓑ

※ 주관식(단답형) 답은 뒷면에 기입하십시오.

※ 감독자만 기입하십시오.

주관식1	주관식2	구술채점	감독 서명

사회통합프로그램 기본소양 평가답안지 □사전평가 □중간평가 □종합평가 / 사회통합프로그램 기본소양 평가(담안지) □사전평가 □중간평가 □종합평가

※ 감독자만 기입하십시오.

	주관식1		주관식2	구술형점수	감독 서명
⓪	⓪	⓪	⓪	⓪	
①	①	①	①	①	
②	②	②	②	②	
③	③	③	③	③	
④	④	④		④	
⑤	⑤	⑤		⑤	
				⑥	
				⑦	
				⑧	
				⑨	

※ 주관식(단답형) 답은 뒷면에 기입하십시오.

객 관 식

영문 이름	1	① ② ③ ④	11	① ② ③ ④	21	① ② ③ ④	31	① ② ③ ④	41	① ② ③ ④
	2	① ② ③ ④	12	① ② ③ ④	22	① ② ③ ④	32	① ② ③ ④	42	① ② ③ ④
	3	① ② ③ ④	13	① ② ③ ④	23	① ② ③ ④	33	① ② ③ ④	43	① ② ③ ④
	4	① ② ③ ④	14	① ② ③ ④	24	① ② ③ ④	34	① ② ③ ④	44	① ② ③ ④
	5	① ② ③ ④	15	① ② ③ ④	25	① ② ③ ④	35	① ② ③ ④	45	① ② ③ ④
	6	① ② ③ ④	16	① ② ③ ④	26	① ② ③ ④	36	① ② ③ ④	46	① ② ③ ④
	7	① ② ③ ④	17	① ② ③ ④	27	① ② ③ ④	37	① ② ③ ④	47	① ② ③ ④
	8	① ② ③ ④	18	① ② ③ ④	28	① ② ③ ④	38	① ② ③ ④	48	① ② ③ ④
	9	① ② ③ ④	19	① ② ③ ④	29	① ② ③ ④	39	① ② ③ ④		
	10	① ② ③ ④	20	① ② ③ ④	30	① ② ③ ④	40	① ② ③ ④		

시험지
유형: Ⓐ Ⓑ

외 국 인 등 록 번 호

⓪ ① ② ③ ④ ⑤ ⑥ ⑦ ⑧ ⑨

주관식 1

주관식 2

절취선

사회통합프로그램 기본소양 평가답안지 □사전평가 □중간평가 □종합평가

외국인등록번호

주관식 1

시험지유형	답안이름	객관식

Ⓐ
Ⓑ

※ 주관식(단답형) 답은 뒷면에 기입하십시오.

주관식 2

※ 감독자만 기입하십시오.

주관식1	주관식2	구술채점	감독자확인

사회통합프로그램 기본소양 평가답안지 □ 중간평가 □ 사전평가 □ 종합평가

※ 감독자만 기입하십시오.

감독서명	구술합격점수	주관식2	주관식1

※ 주관식(단답형) 답은 뒷면에 기입하십시오.

객관식	영문이름

시험지유형	Ⓐ Ⓑ

외국인등록번호

주관식 1

주관식 2

절취선

절취선

사회통합프로그램 기본소양 평가답안지 □사전평가 □중간평가 □종합평가

외국인등록번호

	⓪	①	②	③	④	⑤	⑥	⑦	⑧	⑨

주관식 1

주관식 2

시험지 유형	영문 이름

A

B

※ 주관식(단답형) 답은 뒷면에 기입하십시오.

각 관 식 (객관식)

1	① ② ③ ④
2	① ② ③ ④
3	① ② ③ ④
4	① ② ③ ④
5	① ② ③ ④
6	① ② ③ ④
7	① ② ③ ④
8	① ② ③ ④
9	① ② ③ ④
10	① ② ③ ④
11	① ② ③ ④
12	① ② ③ ④
13	① ② ③ ④
14	① ② ③ ④
15	① ② ③ ④
16	① ② ③ ④
17	① ② ③ ④
18	① ② ③ ④
19	① ② ③ ④
20	① ② ③ ④
21	① ② ③ ④
22	① ② ③ ④
23	① ② ③ ④
24	① ② ③ ④
25	① ② ③ ④
26	① ② ③ ④
27	① ② ③ ④
28	① ② ③ ④
29	① ② ③ ④
30	① ② ③ ④
31	① ② ③ ④
32	① ② ③ ④
33	① ② ③ ④
34	① ② ③ ④
35	① ② ③ ④
36	① ② ③ ④
37	① ② ③ ④
38	① ② ③ ④
39	① ② ③ ④
40	① ② ③ ④
41	① ② ③ ④
42	① ② ③ ④
43	① ② ③ ④
44	① ② ③ ④
45	① ② ③ ④
46	① ② ③ ④
47	① ② ③ ④
48	① ② ③ ④

※ 감독자만 기입하십시오.

주관식1	주관식2	구술합점수	감독 서명

사회통합프로그램 기본소양 평가답안지 □사전평가 □중간평가 □종합평가

※ 주관식(단답형) 답은 뒷면에 기입하십시오.

※ 감독자만 기입하십시오.

감독서명		
구술형점수	⓪①②③④⑤⑥⑦⑧⑨	
구술점수	⓪①②③	
주관식2	⓪①②③④⑤	
	⓪①②③④⑤	
주관식1	⓪①②③④⑤	
	⓪①②③④⑤	

객 관 식

영역 이름	시험지 유형		
	Ⓐ	1	①②③④
		2	①②③④
	Ⓑ	3	①②③④
		4	①②③④
		5	①②③④
		6	①②③④
		7	①②③④
		8	①②③④
		9	①②③④
		10	①②③④

11	①②③④
12	①②③④
13	①②③④
14	①②③④
15	①②③④
16	①②③④
17	①②③④
18	①②③④
19	①②③④
20	①②③④

21	①②③④
22	①②③④
23	①②③④
24	①②③④
25	①②③④
26	①②③④
27	①②③④
28	①②③④
29	①②③④
30	①②③④

31	①②③④
32	①②③④
33	①②③④
34	①②③④
35	①②③④
36	①②③④
37	①②③④
38	①②③④
39	①②③④
40	①②③④

41	①②③④
42	①②③④
43	①②③④
44	①②③④
45	①②③④
46	①②③④
47	①②③④
48	①②③④

외국인등록번호

외 국 인 등 록 번 호	⓪①②③④⑤⑥⑦⑧⑨
	⓪①②③④⑤⑥⑦⑧⑨
	⓪①②③④⑤⑥⑦⑧⑨
	⓪①②③④⑤⑥⑦⑧⑨
	⓪①②③④⑤⑥⑦⑧⑨
	⓪①②③④⑤⑥⑦⑧⑨
	⓪①②③④⑤⑥⑦⑧⑨
—	
	⓪①②③④⑤⑥⑦⑧⑨
	⓪①②③④⑤⑥⑦⑧⑨
	⓪①②③④⑤⑥⑦⑧⑨
	⓪①②③④⑤⑥⑦⑧⑨
	⓪①②③④⑤⑥⑦⑧⑨
	⓪①②③④⑤⑥⑦⑧⑨

주관식 1

주관식 2

절취선

절취선

좋은 책을 만드는 길, 독자님과 함께하겠습니다.
· ·

2025 시대에듀 사회통합프로그램 사전평가 실전 모의고사

개정9판1쇄 발행	2025년 01월 15일 (인쇄 2024년 11월 28일)
초 판 인 쇄	2016년 04월 20일 (인쇄 2016년 03월 23일)
발 행 인	박영일
책 임 편 집	이해욱
편 저	사회통합교육연구회
편 집 진 행	구설희 · 곽주영
표지디자인	조혜령
본문디자인	채현주 · 홍영란
발 행 처	(주)시대고시기획
출 판 등 록	제10-1521호
주 소	서울시 마포구 큰우물로 75 [도화동 538 성지 B/D] 9F
전 화	1600-3600
팩 스	02-701-8823
홈 페 이 지	www.sdedu.co.kr

I S B N	979-11-383-7412-5(13300)
정 가	15,000원